I tesori della

CUCINA
SICILIANA

I TESORI DELLA CUCINA SICILIANA

Foto: Leonardo Frusteri
Chef: Salvatore Fraterrigo
Testi: Alba Allotta
Coordinamento editoriale: Paolo Salerno
Progetto grafico: Salvatore Calìa
Fotolito: Pigiemme - Palermo
Stampa: Officine Grafiche Riunite
Palermo, Aprile 2009

Edizione: PS ADVERT
             info@psadvert.it
             www.psadvert.it
             Tel. +39 0923 538789
             PROMOLIBRI
             Via Aquileia, 84
             Palermo
             Tel. +39 091 6702413 - Fax +39
             091 6703333

Leonardo Frusteri, Salvatore Fraterrigo, Alba Allotta, Paolo Salerno

I tesori della CUCINA SICILIANA

sapori mediterranei di ieri e di oggi

PS ADVERT EDIZIONI

PROMOLIBRI

Presentazione

Se è vero che le passioni più cocenti sono quelle che si spengono prima, questo libro è il frutto di un desiderio forte che il tempo ha maturato come un buon vino. Un'idea coltivata per anni, senza fretta, con la prudenza di chi sa aspettare che sia il tempo a decidere il momento giusto.

Paolo Salerno e Leonardo Frusteri *hanno in comune questo sogno: rappresentare la Sicilia attraverso un gusto nuovo e moderno di interpretare colori e sapori.*

Il primo pubblicitario, il secondo fotografo, nessuno dei due si è mai staccato un momento all'idea di pubblicare questo libro. Il progetto? Folclore all'osso, grande spazio alle fotografie, una ricerca severa del meglio della buona tavola dell'isola, un taglio internazionale. *Quando alla compagnia si sono aggiunti uno chef,* Salvatore Fraterrigo, *e una scrittrice di gastronomia,* Alba Allotta, *il sogno è diventato un piano di lavoro. L'accurata selezione delle ricette, il food style moderno, la ricercata elaborazione fotografica hanno dato vita al progetto. Così è cominciato questo viaggio fra i piaceri della cucina siciliana.*

Introduzione

Elimi, punici, greci, romani: chi fra questi popoli è il padre della cucina siciliana? Quando è stato concepito questo miscuglio di sapori e odori che da millenni stupisce il mondo? Tanti hanno provato a dare una riposta a questi interrogativi, senza però riuscirvi. Ma almeno un certezza c'è, e non da poco: questa è la terra che l'ha partorita. La madre è il vento, il sole, il mare, le zolle ricche di minerali. La madre è la fatica delle donne e la loro genialità a elaborare in vari modi gli stessi ingredienti. Una mappa genetica che ancora oggi ripesca nel tempo emozioni che giungono da chissà quale affondo della storia, un miracolo che ogni volta si celebra nel palato e nel naso, una ricchezza di sapori antichissimi e di profumi che non ha eguali. I padri sono tutti li dentro. Ognuno ha lasciato e si è preso qualcosa. E così è stato anche dopo, con gli arabi, i francesi, gli spagnoli. Una cucina che ha vissuto momenti di grande splendore sotto ogni dominazione, reinterpretando ogni volta il patrimonio gastronomico di importazione. Ricchi di contaminazioni del passato, tutti i piatti sono stati rivisitati dalla storia dell'isola, assecondando quasi sempre una identità culturale autarchica. Così le esperienze degli invasori si sono adattate alle produzioni del posto, le ricette e i modi di cucinare sono stati reinventati seguendo le preferenze dei siciliani. C'è naturalmente una cucina dell'entroterra che predilige le carni, i formaggi, le verdure e i legumi e una cucina costiera tutta a base di pesce. Ma c'è anche una cucina popolare (semplice, mai povera) e una nobile, quella dei monsù, i cuochi francesi dell'aristocrazia dell'isola. In ognuna di queste cucine è il sapore forte e il gusto deciso a dominare su ogni preparazione e intingolo. Ma ora basta con le storie, è il momento di partire. Sgranate gli occhi e rilassatevi, dalla prossima pagina vi aspetta una cucina siciliana come non l'avete mai vista. Gustatevi le immagini. Poi, mettetevi ai fornelli e provateci pure voi.

GLI ANTIPASTI

*Gli stuzzichini siciliani che
ancora oggi i contadini
chiamano "sbrogghia pitittu",
aprono l'appetito e preparano
il palato alla seduzione dei
piaceri della tavola. Sapori forti,
decisi, con una identità che
nel tempo li ha uniformati
alle tendenze della cucina
internazionale impegnata
ad elevare gli antipasti al ruolo
di piccoli "assoli" gastronomici.
Tonno, sarde, ortaggi, riso sono
i padroni assoluti. Piatti semplici
che puntano diritto al desiderio
di mangiare bene. E così accanto
alle tradizionali arancine di riso,
caponata di melanzane, panelle e
olive, si fanno spazio la bottarga
di tonno, la zucca gialla
in agrodolce, il taboulè di cuscus
con le verdure, le frittelle
di neonata di pesce, i carciofi
ripieni. Un mondo di sapori
che è anche una gioia
per gli occhi.*

Arancine

Per 4 persone

400 g di riso
200 g di polpa di vitello tritata
1/2 carota
1/2 cipolla
1 cuore di sedano con le foglie
2 cucchiai di concentrato di pomodoro
1 ciuffo di prezzemolo
100 g di caciocavallo fresco
100 g di piselli sgranati
4 uova
1 bustina di zafferano
parmigiano grattugiato
pangrattato
farina
vino bianco secco
burro
olio extravergine d'oliva
sale, pepe

Rosolate il tritato, in un tegame, con 2 cucchiai d'olio extravergine d'oliva, burro e un soffritto di sedano, carota e cipolla. Bagnate con il vino e lasciate evaporare. Aggiungete, quindi, i piselli e fate brevemente insaporire; poi, unite il concentrato, sciolto in una tazza d'acqua calda, il prezzemolo tritato, una presa di sale e una spolverata di pepe e cuocete per 30 minuti, mescolando di tanto in tanto.

Lessate il riso in acqua salata; sgocciolatelo e versatelo in una terrina.

Amalgamatevi lo zafferano, stemperato in poca acqua, 1 uovo sbattuto e una manciata di parmigiano e aspettate che il composto si intiepidisca.

Prelevate un cucchiaio di riso e schiacciatelo sul palmo di una mano, in modo da creare un incavo. Riempitelo con 1 cucchiaio scarso di ragù e qualche dadino di caciocavallo e coprite tutto con un altro cucchiaio di riso. Modellate l'arancina e passatela nella farina, nelle uova sbattute con poco sale e, infine, nel pangrattato. Friggetele le arancine in olio caldo fino a doratura. Sgocciolatele; ponetele su carta da cucina a perdere l'unto in eccesso e servite.

Bottarga di tonno

Per 4 persone

150 g di bottarga di tonno
1 limone
olio extravergine d'oliva

Tagliate la bottarga a fettine molto sottili e disponetela su un piatto da portata.

Coprite a filo con olio extravergine d'oliva e lasciate riposare per qualche ora.

Al momento di servire, eliminate l'olio in eccesso e accompagnate la preparazione con succo di limone.

Zucca gialla in agrodolce

Per 4 persone

1 kg di zucca gialla
3 spicchi d'aglio
olio extravergine d'oliva
aceto bianco
zucchero
sale

Private la zucca della buccia e dei semi e affettatela; poi, tagliate ciascuna fetta in tre o quattro pezzetti.
Fate imbiondire l'aglio pelato in padella con abbondante olio extravergine d'oliva. Eliminatelo e friggete la zucca.
Appena sarà dorata, conditela con una presa di sale e irroratela con 1/2 bicchiere d'aceto, dolcificato con 1 cucchiaio di zucchero.
Lasciate parzialmente evaporare e trasferite la preparazione sul piatto da portata.
Servite fredda.

Parmigiana di melanzane

Per 4 persone

5 melanzane
4 dl di passata di pomodoro
1 mazzetto di basilico
1 cipolla piccola
1 spicchio d'aglio
150 g di formaggio primo sale
parmigiano grattugiato
olio extravergine d'oliva
olio di semi
zucchero
sale, pepe

Fate imbiondire l'aglio schiacciato, in un tegame, con un filo d'olio e la cipolla intera. Versate la passata di pomodoro; salate, pepate, aggiungete un pizzico di zucchero e qualche foglia di basilico e cuocete dolcemente per una ventina di minuti. A fine cottura eliminate aglio e cipolla e tenete da parte. Affettate le melanzane, ben lavate; cospargetele di sale e lasciatele per circa 1 ora in un colapasta, a perdere il liquido di vegetazione. Trascorso il tempo necessario, tamponate le fette con carta da cucina e friggetele in olio di semi caldo; quindi, sgocciolatele perfettamente. A questo punto, ricoprite il fondo di una teglia con le melanzane; spargetevi sopra, a strati, qualche cucchiaio di sugo, una manciata di formaggio grattugiato, qualche foglia di basilico e fette di primo sale. Coprite con altre melanzane e proseguite nello stesso modo fino ad esaurimento degli ingredienti. Completate con un velo di salsa e abbondante formaggio grattugiato e passate lo sformato in forno caldo per circa 30 minuti. A cottura ultimata, lasciate intiepidire la parmigiana e capovolgetela su un piatto da portata.

Taboulè

Per 4 persone

300 g di cuscus precotto
1/2 peperone rosso
1/2 peperone giallo
2 limoni
2 pomodori rossi sodi
1 cuore di sedano
80 g di tonno sott'olio
1 ciuffo di prezzemolo
1 ciuffo di basilico
1 ciuffo di menta
olio extravergine d'oliva
sale, pepe

Fate rinvenire il cuscus in 350 g di acqua bollente salata
e aggiungete 1 cucchiaio di olio. Trasferitelo, quindi, su
un vassoio; allargatelo e lasciatelo raffreddare.
Tritate finemente le foglioline di menta, il basilico e il
prezzemolo e incorporateli ad un'emulsione di olio,
succo di limone e pepe, sbattendo delicatamente tutto
con una forchetta.
Sgranate il cuscus freddo con le mani o con due
forchette; poi, versatelo in una terrina e conditelo con la
salsina preparata.
Aggiungete i peperoni e il sedano, ben puliti e tagliati a
dadini, i pomodori, privati dei semi e ridotti a cubetti e
il tonno sminuzzato.
Rimestate con cura e lasciate riposare il taboulé in frigo
per qualche ora, prima di servire.

Sarde a linguata

Per 4 persone

800 g di sarde fresche
farina
olio extravergine d'oliva
aceto bianco
sale

Squamate le sarde, apritele a libro e privatele della lisca
centrale e della testa; poi, eliminate tutte le altre spine e
lavatele con cura.
Sgocciolate i pesci e disponeteli in una terrina. Coprite a
filo con aceto bianco e lasciate macerare per circa 30
minuti.
A questo punto, asciugate le sarde con carta da cucina;
infarinatele leggermente e friggetele in olio caldo,
salando a fine cottura.

Carpaccio di tonno

Per 4 persone

400 g di tonno fresco a fettine molto sottili
4 limoni
1 ciuffo di prezzemolo
1 ciuffo di basilico
1 ciuffo di menta
olio extravergine d'oliva
sale, pepe

Lavate e asciugate con cura il tonno.

Adagiate, quindi, le fettine in un solo strato su un largo piatto e irroratele con il succo di limone filtrato e un filo d'olio.

Cospargete il pesce con un trito di erbe, una presa di sale e una spolverata di pepe e lasciate marinare per qualche ora, prima di servire.

Panelle

Per 6-8 persone

500 g di farina di ceci
olio di semi
sale, pepe

Stemperate la farina in un tegame con 1,500 litri d'acqua leggermente salata.

Ponete su fiamma bassa e, mescolando sempre nello stesso senso, lasciate addensare la polenta per circa 40 minuti.

A questo punto, il composto dovrebbe staccarsi dalle pareti della casseruola. Spegnete il fuoco e trasferite la preparazione in una teglia rettangolare, leggermente inumidita. Livellate la superficie e fate raffreddare.

Appena l'impasto si sarà solidificato, rovesciatelo su un piano e tagliatelo a fettine sottili da cui ricaverete dei triangoli o altre forme di vostro gradimento.

Friggete le panelle in olio caldo; sgocciolatele e servitele cosparse di sale e pepe.

Sarde a beccafico

Per 4 persone

800 g di sarde fresche
150 g di pangrattato
80 g di filetti di acciuga sott'olio
1 cucchiaio di pecorino (o parmigiano) grattugiato
50 g di uvetta
50 g di pinoli
1 ciuffo di prezzemolo
2 limoni
2 spicchi d'aglio
olio extravergine d'oliva
foglie di alloro
sale, pepe

Pulite accuratamente le sarde; apritele a libro, eliminando lische e testa e risciacquatele. Stendetele, quindi, su fogli di carta da cucina ad asciugare e preparate la farcia. Fate imbiondire l'aglio, pelato e schiacciato, in padella con 1/2 bicchiere d'olio; eliminatelo e lasciate insaporire il pangrattato nel condimento. Spegnete la fiamma e aggiungete il formaggio grattugiato, i filetti di acciuga sciolti in poco olio, i pinoli, l'uvetta e il prezzemolo tritato. Condite con sale e pepe e amalgamate bene tutto. Stendete su un piano le sarde; insaporitele con una presa di sale e distribuite su ciascuna di esse una parte del composto. Arrotolatele e formate degli involtini. Infilzate, quindi, i rotolini in spiedini di legno, alternandoli con mezze fette di limone e foglie di alloro e disponete le sarde così preparate in una teglia unta d'olio. Irrorate con un filo d'olio e poco succo di limone e cuocete in forno a 180°, per circa 15 minuti.

Olive condite

Per 4 persone

500 g di olive verdi in salamoia
3 spicchi d'aglio
2 carote
1 costola di sedano
1 mazzetto di prezzemolo
olio extravergine d'oliva
aceto bianco
origano
pepe

Schiacciate le olive con il pestello del mortaio e trasferitele in una terrina.

Conditele con un trito d'aglio e prezzemolo, un pizzico di origano e abbondante olio, mescolato con una spruzzata di aceto e una spolverata di pepe. Aggiungete le carote e il sedano tagliati a pezzetti e rimestate bene tutto. Lasciate insaporire per qualche ora, prima di servire.

Peperonata

Per 4 persone

1 kg di peperoni
300 g di pomodori maturi
600 g di patate
1 grossa cipolla
1 ciuffo di basilico
olio extravergine d'oliva
sale, pepe

Pulite i peperoni, privandoli del picciolo e dei semi e tagliateli a listarelle. Pelate le patate e tagliatele a spicchi. Fate appassire la cipolla affettata in un tegame con abbondante olio extravergine d'oliva. Aggiungete i peperoni e lasciate brevemente insaporire; poi, unite le patate e cuocete coperto per una decina di minuti. A questo punto, versate nel tegame i pomodori, pelati, privati dei semi e spezzettati, il basilico sminuzzato, una presa di sale e una spolverata di pepe e proseguite la cottura, su fiamma moderata, mescolando di tanto in tanto e incorporando, se occorre, qualche cucchiaio d'acqua. Lasciate intiepidire la peperonata, prima di servirla.

Involtini di melanzane

Per 4 persone

2 melanzane
200 g di mollica di pane raffermo
8 filetti di acciuga sott'olio
2 cucchiai di pecorino (o parmigiano) grattugiato
1 tazza di salsa di pomodoro
50 g di uvetta
50 g di pinoli
1 ciuffo di prezzemolo
1 ciuffo di basilico
olio extravergine d'oliva
sale, pepe

Lavate le melanzane; tagliatele a fette e ponetele in un colapasta. Cospargetele di sale e lasciatele riposare per 1 ora, affinché perdano l'acqua di vegetazione. Intanto, grattugiate la mollica di pane e amalgamatela, in una terrina, con i filetti di acciuga sciolti in poco olio, il pecorino, l'uvetta, i pinoli, le erbe tritate, una presa di sale e una spolverata di pepe. Incorporate, infine, qualche cucchiaio di salsa di pomodoro e rimestate con cura tutto, in modo da ottenere un composto morbido e omogeneo.

Trascorso il tempo necessario, asciugate le melanzane e friggetele in olio extravergine. Stendetele, quindi, su un piano e distribuite su ciascuna fetta una parte della farcia preparata.

Arrotolate e disponete gli involtini in una teglia spennellata di olio.

Fate gratinare per 10 minuti in forno, moderatamente caldo e servite con la salsa di pomodoro tenuta da parte.

Crocchette di cavolfiore

Per 4 persone

1 grosso cavolfiore
1 uovo
parmigiano grattugiato
farina
olio di semi
sale, pepe

Mondate il cavolfiore e riducetelo in cimette; poi, lessatelo in acqua bollente salata.

A fine cottura, sgocciolatelo bene e trasferitelo in una terrina.

Schiacciatelo con una forchetta e aggiungete una manciata di parmigiano, una spolverata di pepe e l'uovo sbattuto.

Amalgamate con cura fino ad ottenere un composto omogeneo; quindi, incorporate tanta farina quanta ne occorre per ottenere un impasto abbastanza consistente da poter essere manipolato.

A questo punto, prelevatene un cucchiaio colmo per volta e ricavate delle polpette leggermente allungate, con l'aiuto di un altro cucchiaio.

Infarinatele e friggetele in olio caldo. Sgocciolate le crocchette e ponetele su carta da cucina a perdere l'unto.

Servitele calde o tiepide.

Cavolfiori in pastella

Per 4 persone

1 cavolfiore medio
200 g di farina
10 g di lievito di birra
olio extravergine d'oliva
sale

Setacciate la farina in una ciotola e aggiungete il lievito sciolto in poca acqua tiepida; poi, mescolando, incorporate l'acqua necessaria per ottenere una pastella cremosa. Conditela con un pizzico di sale e lasciatela lievitare per circa 1 ora.

Nel frattempo, mondate con cura il cavolfiore; tagliatelo in cimette e lessatelo in acqua bollente salata. Scolatelo al dente e fatelo intiepidire.

Intingete, quindi, le cimette nella pastella e friggetele in olio caldo.

Sgocciolate e servite.

Caponata

Per 4 persone

4 melanzane
100 g di olive verdi snocciolate
1 cucchiaio di pinoli
1 cucchiaio di uvetta
1 cucchiaio di capperi
1 cuore di sedano con le foglie
3 dl di salsa di pomodoro
1/2 cipolla
1 ciuffo di basilico
olio extravergine d'oliva
aceto bianco
zucchero
olio di semi
sale, pepe

Lavate le melanzane e tagliatele a cubetti. Ponetele, quindi, in un colapasta; cospargetele di sale grosso e lasciatele riposare per circa 1 ora, affinché perdano l'acqua di vegetazione.
Asciugatele e friggetele in abbondante olio di semi caldo; poi, sgocciolatele e ponetele su carta da cucina. Fate appassire un trito di cipolla e sedano, in un tegame, con abbondante olio extravergine d'oliva. Aggiungete i pinoli, l'uvetta, i capperi, le olive e, 1 minuto dopo, la salsa di pomodoro. Salate, pepate, profumate con le foglie di basilico spezzettate e cuocete dolcemente per una decina di minuti. Incorporate, quindi, 1/2 bicchiere d'aceto dolcificato con 1 cucchiaio di zucchero e fate parzialmente evaporare. A questo punto, unite le melanzane; rigirate e spegnete la fiamma. Trasferite la caponata su un piatto da portata e lasciate raffreddare completamente prima di servire.

Peperoni ripieni

Per 4 persone

4 peperoni
200 g di pangrattato
1/2 cipolla
6 filetti di acciuga sott'olio
1 spicchio d'aglio
1 ciuffo di prezzemolo
1 cucchiaio di pinoli
1 cucchiaio di uvetta
1 cucchiaio di pecorino grattugiato
olio extravergine d'oliva
sale, pepe

Lavate con cura i peperoni e asciugateli; poi, arrostiteli interi. Pelateli, privateli del picciolo e dei semi e tagliateli a falde. Con 2/3 dei peperoni ricoprite il fondo e le pareti di uno stampo da forno, spennellato con olio extravergine d'oliva e tenete da parte. Tritate finemente la cipolla e lasciatela appassire in padella con 1/2 bicchiere d'olio. Aggiungete i filetti di acciuga spezzettati e scioglieteli nel condimento; unite il pangrattato, mescolate e spegnete la fiamma. Incorporate, quindi, il pecorino grattugiato, i pinoli, l'uvetta (ammorbidita in acqua tiepida e strizzata) e un trito di aglio e prezzemolo. Condite il composto con una presa di sale e una spolverata di pepe e trasferitelo nella teglia con i peperoni. Coprite la farcitura con le falde rimaste; irrorate con un filo d'olio e cuocete in forno, a 180° C, per circa 30 minuti. A fine cottura, lasciate intiepidire la preparazione, prima di sformarla su un piatto da portata.

Carciofi ripieni

Per 4 persone

8 carciofi
150 g di mollica di pane raffermo
1 mazzetto di prezzemolo
2 spicchi d'aglio
6 filetti di acciuga sott'olio
1 cucchiaio di pecorino (o parmigiano) grattugiato
2 limoni
olio extravergine d'oliva
sale, pepe

Eliminate le foglie esterne più dure dei carciofi; spuntateli e privateli delle barbe, allargando l'interno, in modo da creare una cavità.

Immergeteli man mano in acqua acidulata con il succo di limone.

Grattugiate la mollica di pane; poi, conditela con un trito di aglio e prezzemolo, i filetti di acciuga sciolti in poco olio extravergine d'oliva, il pecorino, una presa di sale e una spolverata di pepe. Amalgamate bene tutto e ammorbidite il composto con l'olio necessario.

Sgocciolate i cuori di carciofo, salateli moderatamente e farciteli con l'impasto preparato. Sistemateli in un solo strato in una casseruola con un filo d'olio e un bicchiere d'acqua e cuocete, a tegame coperto, su fiamma moderata.

Frittelle di neonata

Per 4 persone

600 g di neonata
2 uova
1 cucchiaio di parmigiano grattugiato
2 cucchiai di farina
1 ciuffo di prezzemolo
olio extravergine di oliva
sale, pepe

Sbattete le uova, in una terrina, con una presa di sale. Aggiungete la farina, il parmigiano, una spolverata di pepe e il prezzemolo tritato e amalgamate con cura.

Incorporate, quindi, la neonata e lasciate riposare il preparato per qualche minuto.

Scaldate l'olio in una padella e friggetevi il composto a cucchiaiate in modo da ottenere delle frittelle. Rigiratele a metà cottura e servitele calde.

Cavolfiore "affogato"

Per 4 persone

1 cavolfiore
150 g di pomodori pelati
50 g di uvetta e pinoli
1 cipolla
1 ciuffo di prezzemolo
vino bianco secco
olio extravergine d'oliva
sale, pepe

Fate appassire la cipolla tritata in un tegame con 1/2 bicchiere di olio, l'uvetta e i pinoli; unite il pomodoro sminuzzato e fate insaporire.

Aggiungete le cimette di cavolfiore lavate ed il prezzemolo tritato e cuocete su fiamma moderata.

A metà cottura unite 1 bicchiere di vino, una presa di sale e un pizzico di pepe.

Matarocco con crostini

Per 4 persone

8 pomodori maturi
4 spicchi d'aglio
1 mazzetto di basilico
8 crostini di pane casereccio
olio extravergine d'oliva
sale, pepe

Lavate i pomodori e tuffatene quattro in una ciotola con acqua bollente, per 5 minuti.

Trascorso questo breve tempo, pelateli, privateli dei semi e tagliuzzateli.

Pulite il basilico e mettete le foglie in un mortaio.

Aggiungete l'aglio e una presa di sale e pestate a lungo; poi, unite i pomodori tritati e un filo d'olio e continuate a pestare, fino ad ottenere una crema omogenea.

A questo punto, versate il composto in una ciotola e incorporate 1/2 bicchiere d'olio e i pomodori rimasti, tagliati a dadini. Condite con una spolverata di pepe nero e servite la preparazione sui crostini di pane grigliati o tostati in forno.

IL PANE
E LE PIZZE

Sovrani del forno a legna, pane e pizze portano sempre tanta allegria in tavola.
Attorno ad un filone fumante condito con formaggio, pomodoro e acciughe è facile trovare una bella compagnia, così come focacce e "rianate" finiscono per riunire amici e familiari. Eredi della cucina povera dei contadini, il pane e le pizze sono giunti sui nostri piatti dopo un lungo salto nel tempo; la riscoperta del forno a legna da parte dei giovani garantisce a queste delizie della tradizione un lasciapassare per l'era moderna.

Pane cunzato

Per 4 persone

1 filone di pane casereccio da 1/2 kg
(oppure una pagnotta dello stesso peso)
4 grossi pomodori maturi
100 g di filetti di acciuga sott'olio
150 g di formaggio primo sale
(o mozzarella) a fettine
olio extravergine d'oliva
origano
sale, pepe

Tagliate a metà il pane caldo (eventualmente riscaldato in forno per qualche minuto) nel senso della lunghezza e incidete la mollica con tagli non troppo profondi.
Cospargete di sale, pepe e origano e irrorate con abbondante olio.
Disponete, quindi, uno strato di fettine di pomodoro e uno di formaggio.
Distribuitevi sopra i filetti di acciuga spezzettati e spargete su tutto ancora un pizzico di origano.
Ricomponete il pane, schiacciandolo leggermente e servite.

Sfincione

Per 4 persone

800 g di farina
25 g di lievito di birra
2 cipolle
500 g di pomodori pelati
100 g di caciocavallo fresco a fettine
100 g di filetti di acciuga sott'olio
origano
pangrattato
olio extravergine d'oliva
sale, pepe

Impastate la farina con il lievito, sciolto in poca acqua tiepida. Lavorate energicamente l'impasto, incorporando altra acqua salata, fino ad ottenere una pasta molto morbida.
Trasferite il composto in una terrina infarinata e lasciatelo lievitare, coperto con un canovaccio, per 2 ore. Nel frattempo, fate appassire le cipolle, affettate finemente, in un tegame con un filo d'olio e qualche cucchiaio d'acqua. Unite i pomodori, schiacciati con la forchetta, una presa di sale e una spolverata di pepe e cuocete, su fiamma moderata, per una ventina di minuti. Stendete la pasta lievitata ad uno spessore di un paio di centimetri, in una teglia unta d'olio e cospargete la superficie con le acciughe spezzettate.
Coprite con le fette di formaggio e spargetevi sopra la salsa di pomodoro. Spolverizzate di pangrattato e origano; infornate lo sfincione a 220° e cuocete per una ventina di minuti.

Rianata

Per 4 persone

600 g di farina
20 g di lievito di birra
400 g di pomodori maturi
8 spicchi d'aglio
100 g di pecorino grattugiato
1 mazzetto di prezzemolo
100 g di filetti d'acciuga sott'olio
origano
sale

Impastate la farina con il lievito, sciolto in poca acqua tiepida. Lavorate l'impasto, incorporando altra acqua leggermente salata, fino ad ottenere una pasta morbida ed elastica.

A questo punto, raccoglietela a palla e adagiatela in una terrina infarinata; copritela con un canovaccio e lasciatela lievitare per un paio d'ore.

Trascorso il tempo necessario, manipolate ancora brevemente l'impasto; dividetelo in palline uguali e stendete ciascuna, in una sfoglia sottile, su una teglia rotonda unta d'olio. Distribuitevi sopra le acciughe spezzettate, conficcandole appena nella pasta, i pomodori, pelati e sminuzzati e l'aglio a fettine. Cospargete di prezzemolo tritato, pecorino e origano e irrorate con un filo d'olio.

Infornate le pizze a 250° e cuocetele per circa 20 minuti.

Cabbucio

Per 4 persone

800 g di pasta per pane casereccio già lievitata
8 grossi pomodori maturi
200 g di salame a fettine
400 g di mozzarella
origano
olio extravergine d'oliva
sale

Ungete con poco olio la pasta di pane e lavoratela energicamente per qualche minuto; poi dividetela in 4 pagnottine. Schiacciatele leggermente e adagiatele su una teglia unta d'olio; poi, lasciatele riposare per 15-20 minuti. A questo punto, spennellate la superficie delle focacce con poco olio e cuocetele in forno molto caldo. Quando i "cabbuci" saranno dorati, estraeteli dal forno e tagliateli a metà. Adagiate sulla base i pomodori affettati e la mozzarella a fette. Condite con una presa di sale e un pizzico di origano e completate con il salame. Ricomponete, quindi, le pagnottine e rimettetele in forno per pochi istanti per far fondere velocemente il formaggio.

LE INSALATE

*Fresche e sapide, le insalate
costituiscono talvolta una valida
alternativa al pasto.
Insolite e coloratissime,
combinano felicemente sapori e
odori diversi.
Il sale, l'olio extravergine di
oliva, il pepe e le arance danno
vita ad una esperienza del gusto
veramente straordinaria
(insalata di arance).
Lumachine di terra con aglio e
menta; polipi conditi con sedano,
carote, olio e aceto; pomodori con
acqua, aglio e basilico (il
salamureci), evocano gusti
antichi che hanno la forza e il
carattere di oggi.
Abbinamenti che sarebbero il
frutto di chissà quale cucina
creativa, se dietro non ci fossero
mille anni di storia.*

Insalata di lumachine

Per 4 persone

1 kg di lumachine già spurgate
3 spicchi d'aglio
1 ciuffo di prezzemolo
1 ciuffo di menta
olio extravergine d'oliva
sale, pepe

Lavate ripetutamente le lumachine in acqua corrente; poi, lessatele per 15 minuti, schiumando, se necessario, con un mestolo forato.

Trascorso questo tempo, scolate le lumache e sciacquatele; rimettetele nel tegame con acqua pulita, moderatamente salata e fatele cuocere per altri 15 minuti.

Nel frattempo, affettate l'aglio e mettetelo in una ciotolina. Aggiungete un trito di prezzemolo e menta e ammorbidite il composto con abbondante olio.

Insaporite con una presa di sale e un pizzico di pepe e sbattete tutto con una forchetta.

A fine cottura, sgocciolate le lumachine e trasferitele su un piatto da portata.

Conditele con l'emulsione preparata e lasciate insaporire per qualche minuto, prima di servire.

Insalata di polipo

Per 4 persone

1 kg di polipi
2 spicchi d'aglio
2 costole di sedano
4 carote
1 ciuffo di prezzemolo
origano
olio extravergine d'oliva
aceto bianco
sale, pepe

Lessate i polipi in acqua bollente salata; poi, spegnete la fiamma e lasciateli intiepidire nel liquido di cottura.

Sgocciolateli e separate la testa (che eventualmente servirete a parte) dai tentacoli che taglierete a pezzetti.

Trasferite, quindi, il preparato su un piatto da portata e aggiungete il sedano a rondelle e le carote a fiammifero.

Preparate un trito di aglio e prezzemolo e mettetelo in una ciotola.

Unite 1/2 bicchiere d'olio, una spruzzata di aceto, un pizzico di origano, una presa di sale e una spolverata di pepe ed emulsionate con cura.

Versate la salsina sull'insalata e fate insaporire per qualche minuto, prima di servire.

Insalata pantesca

Per 4 persone

4 patate medie
3 pomodori
1 cipolla rossa
2 cucchiai di capperi sotto sale
150 g di olive verdi
200 g di sgombro sott'olio
2 costole di sedano
olio extravergine d'oliva
origano
sale, pepe

Spazzolate le patate; lavatele con cura e lessatele con la buccia in acqua leggermente salata.

A fine cottura, scolatele e lasciatele raffreddare; poi pelatele, tagliatele a pezzetti e trasferitele su un piatto da portata.

Lavate i pomodori; apriteli a metà ed eliminate i semi. Riduceteli a spicchi e uniteli alle patate.

Aggiungete le olive, il sedano a rondelle, la cipolla ad anelli, i capperi dissalati e lo sgombro, sgocciolato e spezzettato.

Condite l'insalata con olio, origano, sale e pepe e servite.

Insalata di arance

Per 4 persone

4 arance
olio extravergine d'oliva
sale, pepe

Sbucciate le arance e pelate ogni spicchio al vivo; poi, adagiatele su un piatto da portata.

Versate un filo d'olio in una ciotola, aggiungete una presa di sale e un'abbondante spolverata di pepe e sbattete tutto con una forchetta.

Condite la frutta con l'emulsione preparata e lasciate insaporire per qualche minuto prima di servire.

Insalata turca

Per 4 persone

3 patate
2 cipolle
1 melanzana
1 peperone rosso
1 peperone giallo
3 spicchi d'aglio
origano
olio extravergine d'oliva
aceto bianco
sale, pepe

Lavate e asciugate i peperoni; grigliateli, pelateli e tagliateli a filetti.

Sciacquate le melanzane ed eliminate il picciolo. Pelate le patate e le cipolle. Affettate tutte le verdure e cuocetele sulla griglia rovente.

Trasferite, quindi, tutti gli ortaggi su un piatto da portata; conditeli con l'aglio a fettine e un'emulsione di olio, aceto, origano, sale e pepe.

Salamureci

Per 4 persone

1 kg di pomodori maturi
3 spicchi d'aglio
1 ciuffo di basilico
olio extravergine d'oliva
pane casereccio raffermo
sale, pepe

Lavate con cura i pomodori e tagliateli a pezzetti. Trasferiteli in una ciotola e cospargeteli di basilico sminuzzato, olio, sale e pepe. Lasciate insaporire per qualche minuto; poi, coprite a filo con acqua fredda e aggiungete il pane raffermo a dadi. Servite subito.

LE MINESTRE E LE ZUPPE

Pietanze povere della cucina popolare, le minestre e le zuppe sono il punto di incontro più importante del rapporto fra l'uomo, la terra e il mare. Con il pesce, le verdure, i legumi, gli ortaggi e le lumache, questi piatti portano a tavola pezzi di storia, salvati dall'oblio dall'uso quasi quotidiano di alcuni di questi ingredienti. Affidato quasi esclusivamente alla tradizione orale, il perpetuarsi nel tempo delle ricette tradisce il carattere molto forte del mondo da cui provengono. Legate al susseguirsi delle stagioni in campagna e al tipo di pescato lungo le coste, queste pietanze si coniugano spesso a feste e ricorrenze religiose. Piatti saporiti e sostanziosi, insaporiti con abbandonante olio extravergine di oliva, si accompagnano quasi sempre con pane raffermo.

Cassatelle di ricotta in brodo

Per 4 persone

300 g di farina di semola di grano duro
450 g di ricotta di pecora
parmigiano grattugiato
2,5 l di brodo di pollo
1 ciuffo di prezzemolo
sale, pepe

Setacciate la farina sul piano di lavoro e fate la fontana. Versate poco più di 1 dl d'acqua in un misurino e scioglietevi una presa di sale; poi, incorporatela, poca per volta, alla farina e cominciate ad impastare il composto con le mani, lavorandolo energicamente per circa 15 minuti, fino ad ottenere una pasta liscia e omogenea. Formate un lungo salsicciotto, ripiegatelo a metà e ponetelo sotto una ciotola capovolta, sul piano leggermente infarinato. Lasciate, quindi, riposare per 1/2 ora. Intanto, passate al setaccio la ricotta e aggiungete una manciata di formaggio grattugiato, una presa di sale, una spolverata di pepe e poco prezzemolo tritato. Amalgamate con cura e tenete da parte. Stendete la pasta in sfoglie sottili, con il mattarello o con l'apposita macchinetta, e allargatele sulla spianatoia infarinata. Distribuite, quindi, la farcia preparata a mucchietti ben distanziati tra loro, chiudeteli nella pasta e premete tutto attorno con le dita; poi, ritagliateli con il tagliapasta a mezzaluna. Portate ad ebollizione il brodo sgrassato e lessatevi le cassatelle. Quando saranno cotte, servitele con il liquido di cottura, una spolverata di prezzemolo tritato e il parmigiano grattugiato a parte.

Minestra con tenerumi e salsa picchi-pacchi

Per 4 persone

800 g di tenerumi (foglie e germogli della zucchina lunga)
4 grossi pomodori maturi
2 spicchi d'aglio
1/2 cipolla
1 ciuffo di basilico
200 g di spaghetti (o linguine) tagliati
olio extravergine d'oliva
sale, pepe

Mondate con cura i tenerumi, eliminando le foglie più dure; poi, lavateli ripetutamente in acqua corrente. Quando saranno ben puliti, sgocciolateli e tagliuzzateli. Portate ad ebollizione abbondante acqua salata; unite i tenerumi e portate a cottura. Nel frattempo, pelate i pomodori, privateli dei semi e spezzettateli. Fate appassire la cipolla tritata, in padella, con un filo d'olio e l'aglio intero e lasciatevi insaporire la polpa di pomodoro; salate, pepate, profumate con le foglie di basilico e cuocete per 15 minuti.
Appena le verdure saranno cotte, aggiungete nello stesso liquido la pasta e proseguite la cottura su fuoco medio, mescolando spesso.
Alla fine, spegnete la fiamma; incorporate la salsa preparata alla minestra e lasciate riposare tutto per qualche minuto, prima di servire.

Pasta con le patate

Per 4 persone

1 kg di patate
200 g di pasta corta (tipo ditali)
2 l di brodo di carne
1 cipolla
1 ciuffo di prezzemolo
olio extravergine d'oliva
sale, pepe

Lasciate appassire la cipolla tritata, in un tegame, con un filo d'olio. Aggiungete le patate pelate e tagliate a dadini e rosolatele per un paio di minuti, mescolando. Cospargete di pepe nero; coprite con il brodo caldo e cuocete, su fiamma moderata, per circa 40 minuti. A questo punto, regolate di sale, versate la pasta e portate a cottura, rimestando di tanto in tanto. Appena la minestra sarà pronta, profumatela con un'abbondante manciata di prezzemolo tritato e servitela calda.

Minestra con zucchine e patate

Per 4 persone

1 zucchina lunga
500 g di patate
200 g di pasta corta (tipo ditalini)
1 cipolla
1 cuore di sedano
4 pomodori maturi
olio extravergine d'oliva
sale, pepe

Pelate la zucchina e le patate; lavatele e tagliatele a dadini. Affettate finemente la cipolla e tritate il cuore di sedano e fateli appassire, in un tegame, con un filo d'olio.

Aggiungete i pomodori pelati, privati dei semi e sminuzzati e lasciate insaporire tutto per un paio di minuti, mescolando.

Unite, quindi, le verdure preparate e rimestate; poi, coprite a filo con acqua tiepida. Salate e cuocete per circa 40 minuti.

Trascorso questo tempo, allungate il brodo con 1 litro d'acqua calda. Riportate a bollore, regolate di sale e versate la pastina.

A fine cottura, cospargete la minestra con una spolverata di pepe nero; irroratela con un filo d'olio e servitela calda.

Minestra di "San Giuseppe"

Per 4 persone

200 g di fagioli secchi
200 g di lenticchie
500 g di verdure miste di campagna
1 mazzetto di finocchietti
200 g di pasta corta (tipo ditali)
olio extravergine d'oliva
sale

Lasciate separatamente a bagno i legumi per una notte. Scolateli, sciacquateli e riùniteli in un tegame. Copriteli con acqua abbondante e cuocete per 1 ora. Nel frattempo, mondate le verdure; lavatele, tagliuzzatele e lessatele in acqua bollente.

A fine cottura, sgocciolatele e trasferitele nella casseruola con i fagioli e le lenticchie; salate e proseguite la cottura per altri 20 minuti.

Allungate, se occorre, l'acqua; aggiungete la pasta e tenete su fiamma moderata, mescolando spesso.

Quando la pasta sarà cotta, spegnete la fiamma e condite la minestra con un filo d'olio.

Frascatole con cavolfiore

Per 4 persone

300 g di semola di grano duro
1 cavolfiore
100 g di pancetta
olio extravergine d'oliva
sale, pepe

Versate la semola a pioggia in una scodella e legatela con un movimento circolare, versando acqua salata a cucchiaiate e cercando di formare dei granelli grandi quanto lenticchie. Man mano, trasferite le frascatole su un canovaccio pulito. Alla fine, copritele e lasciatele asciugare per un paio d'ore. Mondate il cavolfiore, tagliatelo a cimette e lavatelo con cura. Rosolate la pancetta tritata, in un tegame, con un filo d'olio; versate abbondante acqua e portate ad ebollizione. Salate, aggiungete le cimette e cuocete per 15 minuti. A questo punto, unite le frascatole e cuocete mescolando per circa un quarto d'ora. A fine cottura, irrorate la minestra con un filo d'olio; cospargetela di pepe e lasciatela riposare per qualche minuto, prima di servire.

Maccu con crostini

Per 4 persone

1 kg di fave fresche grosse sgusciate
3 fette di pane casereccio
olio extravergine d'oliva
sale, pepe

Private le fave della pellicina e mettetele in un tegame. Copritele con acqua fredda moderatamente salata e cuocetele per un paio d'ore, schiacciandole spesso con il mestolo di legno. Quando la zuppa sarà ridotta ad una purea, spegnete la fiamma e conditela con una spolverata di pepe e un filo d'olio. Lasciate intiepidire la preparazione e servitela con il pane, tagliato a dadini e fritto in padella con poco olio.

Minestra con pesce

Per 4 persone

500 g di pesce per zuppa
200 g di spaghetti tagliati (o altro formato di pasta corta)
400 g di pomodori maturi
2 spicchi d'aglio
1 cipolla
1 foglia di alloro
1 ciuffo di prezzemolo
1 cucchiaio di mandorle pelate
olio extravergine d'oliva
peperoncino
sale

Pulite e lavate il pesce; cospargetelo di sale e tenetelo da parte. Tritate finemente la cipolla e lasciatela appassire, in un tegame, con l'alloro (che eliminerete) e un filo d'olio. Aggiungete il pomodoro pelato, privato dei semi e sminuzzato e fate insaporire tutto per qualche minuto, rimestando. Condite con un pizzico di peperoncino, coprite con abbondante acqua calda e portate a bollore. A questo punto, unite un trito di aglio, prezzemolo e mandorle; mescolate e lessate il pesce nel brodo preparato. Appena sarà cotto, estraetelo e trasferitelo su un vassoio; poi, filtrate con un colino a maglie fitte il liquido e versatelo in un'altra pentola. Pulite il pesce, eliminando tutte le spine e rimettete la polpa spezzettata nella casseruola con il brodo. Regolate di sale e portate ad ebollizione. Cuocetevi, quindi, la pasta e servite la minestra ben calda, cospargendola alla fine con una manciata di prezzemolo tritato.

"Sciusceddu"

Per 4 persone

250 g di polpa di vitello tritata
400 g di ricotta
7 dl di brodo di pollo
5 uova
1 ciuffo di prezzemolo
parmigiano grattugiato
pangrattato
sale, pepe

Mettete il tritato in una terrina e amalgamatelo con 1 uovo, 1 cucchiaio di parmigiano grattugiato, poco prezzemolo tritato, sale, pepe e il pangrattato necessario per ottenere un composto sodo e omogeneo. Formate delle polpettine poco più grandi di un'oliva e tuffatele in un tegame con il brodo in ebollizione.

Sgusciate le uova; separate i tuorli dagli albumi e montate questi ultimi a neve ferma.

Mescolate, invece, i rossi con la ricotta, poco prezzemolo, 1 cucchiaio di parmigiano, una presa di sale e una spolverata di pepe. Trasferite le polpettine con il liquido di cottura in una teglia, preferibilmente di coccio.

Incorporate gli albumi al composto di ricotta e distribuite il preparato nella teglia in modo uniforme, ricoprendo tutta la superficie.

Ponete, infine, in forno caldo per 10 minuti e servite subito appena sfornato.

Frittedda

Per 4 persone

1 kg di fave fresche
700 g di piselli freschi
4 carciofi
1 cipolla
1 limone
olio extravergine d'oliva
1 ciuffo di prezzemolo
sale, pepe

Sgranate le fave e i piselli; lavate e sgocciolate tutto. Eliminate le foglie esterne più dure dei carciofi; spuntateli e tagliateli a spicchi, tuffandoli man mano in acqua e succo di limone. Affettate finemente la cipolla e lasciatela appassire, in un tegame, con 1/2 bicchiere d'olio. Aggiungete i carciofi ben scolati e fate insaporire per un paio di minuti; poi, unite le fave e i piselli. Bagnate con 1 tazza d'acqua calda; salate, pepate, cospargete di prezzemolo tritato e cuocete coperto, su fiamma bassa, per 25-30 minuti.

Minestra di ceci e riso

Per 4 persone

600 g di ceci
300 g di riso
1 cipolla
olio extravergine d'oliva
bicarbonato
sale, pepe

Lasciate i ceci a bagno in acqua con un pizzico di bicarbonato per una notte. Affettate finemente la cipolla e fatela appassire in un tegame con 3 cucchiai d'olio. Aggiungete i ceci e condite con una presa di sale e una spolverata di pepe. Coprite d'acqua e cuocete per un paio d'ore; poi, versate il riso e portate a termine la cottura. Condite la minestra con un filo d'olio, prima di servire.

Lumache "a' ghiotta"

Per 4 persone

1 kg di lumache già spurgate
600 g di patate
4 pomodori maturi
1 cipolla
1 mazzetto di prezzemolo
olio extravergine d'oliva
sale, pepe

Lavate con cura le lumache in acqua corrente; poi, lessatele per 15 minuti, schiumando, se necessario, con il mestolo forato.

Trascorso questo tempo, scolate le lumache; sciacquatele e lessatele per altri 15 minuti in acqua pulita. Nel frattempo, lasciate appassire un trito di cipolla e prezzemolo, in un tegame, con un filo d'olio; aggiungete i pomodori pelati, privati dei semi e tagliuzzati e fate insaporire, mescolando, per un paio di minuti.

Rosolate, quindi, le patate pelate e tagliate a dadi, nell'intingolo preparato; poi, coprite con 1 litro d'acqua. Salate, pepate e cuocete coperto, su fiamma moderata, per una ventina di minuti.

Al termine della seconda lessatura, lavate ancora le lumache e sgocciolatele; unitele alla zuppa e proseguite la cottura per altri 10 minuti.

Lasciate, infine, riposare la preparazione per qualche minuto, prima di servire.

I PRIMI PIATTI

Il primato del consumo di pasta
nell'isola è così antico e consolidato
da far supporre ad alcuni storici che
proprio qui i maccheroni furono
per la prima volta concepiti. La
pasta, almeno una volta al giorno,
è presente nella dieta dei siciliani;
talvolta è piatto unico. Lunga, corta,
fresca o secca si abbina a tutti i
prodotti dell'isola: ortaggi, carne,
pesce, formaggio. Ma anche aglio,
cipolla, origano, menta, basilico,
timo ed altri odori arricchiscono
ragù e sughi. Base dell'alimentazione
dei siciliani, la pasta è sempre ricca
di ingredienti diversi: tanti quanti
sono i frutti della terra e del mare,
un patrimonio alimentare per
contadini e marinai nelle
campagne e lungo le coste. Così
ogni paese ha la sua pasta condita
con gli ingredienti locali; le ricette
della nonna diventano una
discriminante perfino fra famiglia
e famiglia, secondo consumi e
abitudini stabili nel tempo.

Busiate con pesce spada e melenzane

Per 4 persone

400 g di busiate (oppure caserecce)
500 g di pomodori pelati
300 g di pesce spada a fette
1 spicchio d'aglio
1 melanzana
1/2 cipolla
1 ciuffo di basilico
1 ciuffo di menta fresca
1 cucchiaio di mandorle pelate
vino bianco secco
olio extravergine d'oliva
sale, pepe

Tritate finemente la cipolla e fatela appassire, in un tegame, con un filo d'olio. Aggiungete i pomodori, schiacciati con la forchetta, il basilico spezzettato, una presa di sale e una spolverata di pepe e cuocete per 20 minuti, su fiamma moderata, bagnando se occorre con qualche cucchiaio d'acqua. Nel frattempo, lavate la melanzana e tagliatela a dadini; cospargetela di sale e lasciatela in un colapasta per 1 ora. Sciacquatela, asciugatela e friggetela in olio caldo. Lavate e spellate il pesce spada, riducetelo a cubetti e salatelo leggermente; poi, rosolatelo per 1 minuto, in padella, con un filo d'olio e l'aglio intero. Spruzzate con poco vino e lasciate evaporate; quindi, eliminate l'aglio e trasferite il pesce nella casseruola con la salsa. Tenete su fiamma dolce per altri dieci minuti. Lessate la pasta in acqua bollente salata; scolatela al dente e conditela con il sugo. Aggiungete le melanzane e mescolate bene. Completate la preparazione con le mandorle abbrustolite e tritate e le foglioline di menta.

Pasta alla norma

Per 4 persone

400 g di pasta lunga bucata (tipo maccheroni o bucatini)
1 melanzana
100 g di ricotta salata
1 kg di pomodori maturi
2 spicchi d'aglio
1 mazzetto di basilico
olio extravergine d'oliva
sale, pepe

Lavate i pomodori; praticate un taglio a croce alla base di ciascuno di essi e tuffateli in una terrina con acqua molto calda, per una decina di minuti. Pelateli, privateli dei semi e tritateli grossolanamente; poi, trasferiteli in un tegame in cui avrete fatto imbiondire l'aglio con un filo d'olio.

Aggiungete le foglie di basilico, una presa di sale e una spolverata di pepe; mescolate e lasciate addensare il sugo, su fiamma moderata. Sciacquate la melanzana, tagliatela a dadini e fatela riposare in un colapasta, cosparsa di sale, per circa 1 ora; quindi, friggetela in olio caldo.

Lessate la pasta in acqua bollente salata, scolatela al dente e versatela nel tegame con la salsa.

Mescolate con cura e aggiungete le melanzane, una manciata di foglioline di basilico fresco e la ricotta salata a scaglie.

Pasta con le sarde

Per 4 persone

400 g di bucatini
600 g di sarde fresche
500 g di finocchietto selvatico
1 bustina di zafferano
1 cipolla
2 cucchiai di pinoli
2 cucchiai di uvetta
3 acciughe salate (oppure 100 g di filetti
di acciuga sott'olio)
pangrattato
olio extravergine d'oliva
vino bianco secco
sale, pepe

Pulite le sarde; apritele a libro e diliscatele.
Risciacquatele con cura e spezzettatele grossolanamente.
Lavate il finocchietto, dopo aver eliminato i gambi più
duri e lessatelo in acqua salata. Sgocciolatelo, tenendo
da parte il liquido di cottura, e tritatelo finemente. Fate
appassire un trito di cipolla, in un tegame, con 1/2
bicchiere d'olio. Aggiungete le acciughe dissalate (o i
filetti sgocciolati) e scioglietele nel condimento. Unite,
quindi, i pinoli, il finocchietto, l'uvetta e le sarde e
lasciate insaporire tutto mescolando. Bagnate con poco
vino e aspettate che evapori; poi, versate 1 bicchiere
d'acqua di cottura della verdura, in cui avrete sciolto lo
zafferano; salate, pepate e cuocete dolcemente per circa
20 minuti.
Lessate la pasta nel liquido tenuto da parte; scolatela al
dente e conditela con il sugo preparato.
Cospargetela con una manciata di pangrattato
abbrustolito e fate riposare per una decina di minuti,
prima di servire.

Busiate con pesto trapanese

Per 4 persone

400 g di busiate (oppure caserecce)
1 kg di pomodori maturi
4 spicchi d'aglio
100 g di mandorle pelate e tostate
1 mazzetto di basilico
olio extravergine d'oliva
pecorino (o parmigiano) grattugiato
sale, pepe

Sciacquate i
pomodori e tuffateli
in acqua calda per 5
minuti; poi, pelateli,
privateli dei semi e
tritateli
grossolanamente.
Pestate a lungo le
mandorle con una
presa di sale nel

mortaio. Quando saranno polverizzate, trasferitele in una
terrina e mettete nel mortaio l'aglio, il basilico e poco sale
e riprendete a pestare, fino ad ottenere un composto
omogeneo. Unite il pomodoro e lavorate ancora con il
pestello, in modo che gli ingredienti siano ben
amalgamati. A questo punto, versate il pesto nella ciotola
con le mandorle. Incorporate 1 bicchiere d'olio, il sale
necessario e una generosa spolverata di pepe nero;
mescolate e lasciate riposare per un paio d'ore. Lessate la
pasta in acqua salata in ebollizione; scolatela al dente e
conditela con la salsa preparata. Servite accompagnando
con il pecorino grattugiato.

Spaghetti con ricci di mare

Per 4 persone

400 g di spaghetti
40 ricci di mare
2 spicchi d'aglio
1 ciuffo di prezzemolo
olio extravergine d'oliva
peperoncino
sale

Aprite i ricci con l'apposito utensile oppure con un paio di forbici; recuperatene le uova con un cucchiaino e trasferitele in una terrina. Pelate l'aglio; affettatelo e lasciatelo imbiondire in una padella con 1/2 bicchiere d'olio, il prezzemolo tritato e un pezzetto di peperoncino tagliuzzato. Spegnete, quindi, la fiamma e lasciate riposare per il tempo necessario a cuocere la pasta. Lessate gli spaghetti in acqua bollente salata; scolateli al dente e conditeli con il soffritto preparato. Completate con le uova di ricci e servite.

Busiate con ragù di tonno

Per 4 persone

400 g di busiate
400 g di tonno fresco in un solo pezzo
2 spicchi d'aglio
1 ciuffo di menta
1 cipolla
250 g di piselli sgranati
1 foglia di alloro
7 dl di passata di pomodoro
olio extravergine d'oliva
vino bianco secco
olio extravergine d'oliva
zucchero
sale, pepe

Lasciate il tonno a bagno in acqua fredda per 30 minuti; poi, asciugatelo e praticate delle piccole incisioni in cui inserirete un trito di aglio e menta. Soffriggete 1/2 cipolla tritata, in un tegame, con un filo d'olio e insaporitevi i piselli, rimestando; versate la passata di pomodoro e condite con sale, pepe e un pizzico di zucchero. Mescolate e lasciate addensare per 15 minuti. Scaldate 4 cucchiai d'olio in una padella con l'alloro e la cipolla affettata; unite il tonno e rosolatelo bene.
Bagnate con 1 dl di vino e fate evaporare; poi, trasferite il pesce nella casseruola con la salsa.
Incorporate 1 tazza d'acqua calda e cuocete per circa 40 minuti. Lessate la pasta in acqua bollente salata e scolatela al dente; conditela con il sugo preparato e completate con il tonno a pezzetti.

Anelletti al forno

Per 4 persone

350 g di anelletti
250 g di polpa di vitello tritata
200 g di pisellini sgranati
7 dl di passata di pomodoro
1/2 cipolla
1/2 carota
1 cuore di sedano
1 ciuffo di prezzemolo
1 ciuffo di basilico
50 g di caciocavallo grattugiato
vino bianco secco
olio extravergine d'oliva
burro
pangrattato
zucchero, sale, pepe

Tritate finemente la cipolla, la carota, il sedano e il prezzemolo e lasciate appassire tutto, in un tegame, con un filo d'olio e una noce di burro. Aggiungete il tritato e rosolatelo su fiamma moderata; bagnate con il vino e fate evaporare. Unite, quindi, i pisellini e fate insaporire; poi, versate la passata di pomodoro e condite con sale, pepe, foglie di basilico e un pizzico di zucchero. Mescolate e cuocete dolcemente per 40 minuti, incorporando poca acqua calda, se il fondo tendesse a restringersi troppo. Lessate la pasta in acqua bollente salata; scolatela al dente e conditela con il ragù preparato e il caciocavallo grattugiato (meno 1 cucchiaio). Versatela in una teglia imburrata e cosparsa di pangrattato e livellate la superficie. Ricoprite con altro pangrattato, mescolato con il formaggio tenuto da parte e cuocete in forno caldo, per circa 40 minuti. Al posto della teglia, se gradite, potete usare 4 stampini da porzione riducendo, in questo caso, il tempo di cottura in forno a 15-20 minuti.

Spaghetti con zucchine fritte e menta

Per 4 persone

400 g di spaghetti
4 zucchine verdi
2 spicchi d'aglio
1 ciuffo di menta
olio extravergine d'oliva
peperoncino
sale

Spuntate e lavate accuratamente le zucchine; poi, tagliatele a rondelle e cospargetele di sale.
Affettate l'aglio e lasciatelo imbiondire in padella con 1 bicchiere d'olio e il peperoncino spezzettato. Eliminate l'aglio e friggete le zucchine; sgocciolatele e tenetele in caldo. Lessate gli spaghetti in acqua bollente salata; scolateli al dente e saltateli in padella con l'olio delle verdure. Aggiungete le zucchine e mescolate con cura. Completate con le foglioline di menta e servite.

Spaghetti con acciuga e mollica

Per 4 persone

400 g di spaghetti
100 g di pangrattato
5 acciughe sotto sale
2 spicchi d'aglio
olio extravergine d'oliva
sale

Dissalate le acciughe; diliscatele e spezzettatele. Tostate il pangrattato con un filo d'olio. Fate imbiondire l'aglio in padella con abbondante olio extravergine; eliminatelo e sciogliete le acciughe nel condimento, fino ad ottenere un composto omogeneo. Ammorbiditelo con un mestolino del liquido di cottura della pasta; cospargete di pepe e spegnete la fiamma. Lessate gli spaghetti in acqua bollente salata e scolateli al dente; conditeli con la salsa preparata e completate con il pangrattato.

Pasta con cavolfiori

Per 4 persone

400 g di bucatini
1 cavolfiore medio
50 g di uvetta
30 g di pinoli
1 bustina di zafferano
50 g di filetti di acciuga sott'olio
olio extravergine d'oliva
sale, pepe

Mondate il cavolfiore; tagliatelo in cimette e sbollentatelo in acqua salata, per 5 minuti.
Scolatelo e tenete da parte il liquido di cottura.
Fate appassire la cipolla tritata in un tegame con abbondante olio; aggiungete i filetti d'acciuga sgocciolati e spezzettati e scioglieteli nel condimento.
Unite, poi, l'uvetta, i pinoli e il cavolfiore e rosolate su fiamma moderata, rimestando.
Bagnate, quindi, con un bicchiere di brodo di cottura delle cimette, in cui avrete sciolto lo zafferano; regolate di sale, pepate e cuocete per 15 minuti.
Lessate i bucatini nell'acqua tenuta da parte; scolateli al dente e rigirateli in tegame con il condimento preparato.
Lasciate riposare per un minuto, prima di servire.

Lasagne con ragù e ricotta

Per 4 persone

500 g di lasagne fresche
200 g di polpa di manzo tritata
200 g di salsiccia di maiale
1 cipolla
1 l di passata di pomodoro
400 g di ricotta di pecora
1 ciuffo di prezzemolo
vino rosso
pecorino grattugiato
olio extravergine d'oliva
burro
sale, pepe

Fate appassire la cipolla tritata, in un tegame, con un filo d'olio e una noce di burro. Aggiungete il tritato e la salsiccia spellata e sbriciolata e rosolate tutto su fiamma moderata. Bagnate con 1/2 bicchiere di vino e lasciate evaporare; poi, unite il prezzemolo sminuzzato e la passata di pomodoro. Salate, pepate e cuocete dolcemente per 1 ora, mescolando di tanto in tanto e incorporando, poco per volta, 1 bicchiere d'acqua calda. Lessate i fogli di pasta, per circa 1 minuto, in una casseruola con acqua bollente leggermente salata; scolateli, raffreddateli velocemente sotto l'acqua corrente e fateli asciugare su un canovaccio. Appena il ragù sarà pronto, imburrate una teglia e stendetevi uno strato di lasagne. Cospargetene la superficie con 4-5 cucchiaiate di ragù e setacciatevi sopra una parte della ricotta. Spolverizzate con una manciata di pecorino grattugiato e proseguite a strati fino ad esaurimento degli ingredienti. Infornate la preparazione a 180° e fate cuocere per circa 1/2 ora. Lasciate riposare il timballo per 10 minuti, prima di servire.

Spaghetti con uovo di tonno

Per 4 persone

400 g di spaghetti
100 g di uovo di tonno salato (bottarga)
3 spicchi d'aglio
1 ciuffo di prezzemolo
olio extravergine d'oliva
peperoncino
sale

Grattugiate l'uovo di tonno e tenetelo da parte, in una ciotolina. Scaldate 1/2 bicchiere d'olio in padella con l'aglio a fettine, un pezzetto di peperoncino tagliuzzato, il prezzemolo tritato e un paio di cucchiai d'acqua. Spegnete la fiamma e lasciate intiepidire; poi, aggiungete 2 cucchiai di uovo di tonno. Lessate gli spaghetti in acqua bollente salata e scolateli al dente. Conditeli con la salsina preparata e cospargete con le uova di tonno rimaste e una manciata di prezzemolo tritato.

Cuscus con pesce

Per 4 persone

500 g semola di grano duro
1 kg di pesce misto per zuppa
500 g di pomodori maturi
5 spicchi d'aglio
1 grossa cipolla
1 mazzetto di prezzemolo
50 g di mandorle pelate
1/2 kg di cozze
1 kg di gamberi
1/2 kg di scorfani
1/2 kg di boghe
farina
alloro
olio extravergine d'oliva
peperoncino
sale, pepe

Versate la semola a pioggia nella "mafaradda" (recipiente di terracotta a pareti svasate) e legatela con poca acqua leggermente salata, con un movimento circolare. Trasferite man mano i granelli su una tovaglia pulita e, alla fine, lasciateli asciugare per un paio d'ore. Trascorso il tempo necessario, rimettete il cuscus nella "mafaradda" e irroratelo con 1/2 bicchiere d'olio, manipolandolo delicatamente, in modo che assorba bene il condimento. Conditelo con qualche ciuffo di prezzemolo, 2 spicchi d'aglio e 1/2 cipolla tritati e cospargetelo con poco peperoncino polverizzato. A questo punto, versate la semola lavorata nella "cuscusiera" (speciale tegame di coccio con i buchi, sostituibile con un colapasta dello stesso diametro della

pentola su cui andrà montato), in cui avrete distribuito 3 foglie di alloro spezzettate, in modo da coprire i buchi. Ponete il recipiente su una pentola piena fino a metà di acqua e sigillate la linea di congiunzione delle due casseruole con un impasto molle di farina e acqua oppure con un canovaccio annodato, per impedire la dispersione del vapore. Cuocete per circa 1 ora. Tritate finemente la cipolla rimasta e fatela appassire, in un tegame, con 1 foglia di alloro, un pezzettino di peperoncino e un filo d'olio; aggiungete il pomodoro pelato e spezzettato e fate insaporire. Coprite con 3 litri d'acqua; salate e portate ad ebollizione. Mescolate, quindi, un pesto di aglio, mandorle e prezzemolo abbondante al brodo e unite i pesci per zuppa, già puliti e cosparsi di sale. Coprite la casseruola e cuocete su fiamma moderata, per 25-30 minuti, in modo che il pesce disfacendosi renda più ricco il brodo. Spegnete e lasciate riposare per 1/2 ora; poi, filtrate il liquido e tenete da parte. Trasferite il cuscus già cotto nella "mafaradda" e irroratelo con abbondante brodo; mescolate affinché il liquido venga assorbito e lasciatelo riposare per almeno un paio d'ore, sotto una coperta di lana sistemata sul coperchio del recipiente. Portate a bollore il brodo rimasto e cuocetevi i gamberi, le cozze (fatte prima aprire a fuoco vivo, in un altro tegame), gli scorfani e le boghe, che potete lessare già tagliate a filetti. Servite, infine, il cuscus con il pesce preparato, accompagnando con parte del brodo filtrato.

IL PESCE

Lungo le coste siciliane, la pesca ha origini che si perdono nella notte dei tempi. Già Archestrato, poeta greco del IV a.C. scrive della piacevolezza che dà un tonno arrostito e insaporito col salmoriglio. Sgombri, pesce spada, tonno e baccalà, cucinati in mille maniere offrono al gusto piaceri diversi. Talvolta preparati negli stessi modi in cui si cucina la carne (farciti, al sugo e alla griglia), questi pesci hanno il pregio di legare la tradizione contadina a quella marinara. Infinite le ricette col pesce spada lungo il litorale di Messina, innumerevoli quelle col tonno nella Sicilia occidentale. Di quest'ultimo, chiamato anche maiale di mare, si utilizza tutto; perfino gli scarti imbudellati diventano un delizioso insaccato piccante che si gusta affettato e condito con olio di oliva.

Involtini di pesce spada

Per 4 persone

12 fettine sottili di pesce spada
150 g di pangrattato
30 g di pinoli
50 g di uvetta
1 ciuffo di prezzemolo
1 spicchio d'aglio
2 cucchiai di pecorino grattugiato
2 limoni
alloro
olio extravergine d'oliva
sale, pepe

Mescolate il pangrattato, in una ciotola, con il pecorino, i pinoli, l'uvetta, l'aglio e il prezzemolo tritati, sale e pepe. Ammorbidite il composto con l'olio necessario e distribuitelo sulle fettine di pesce spada, leggermente battute e cosparse di sale.

Arrotolatele ad involtino e fermatele con uno stecchino (che eliminerete fine cottura); ponetele, quindi, su un letto di fette di limone, in una teglia unta d'olio e spargetevi sopra alcune foglie di alloro. Irrorate con un'emulsione di olio e succo di limone e cuocete in forno caldo per 20 minuti.

Tonno con cipollata

Per 4 persone

4 fette di tonno fresco
2 grosse cipolle
farina
olio extravergine d'oliva
aceto bianco
sale, pepe

Pelate le cipolle e affettatele; mettetele in padella con 5 cucchiai d'olio e 1/2 bicchiere d'acqua e lasciatele appassire dolcemente.

Bagnate, quindi, con 1 dl d'aceto; condite con sale e pepe e fate in parte evaporare.

A questo punto, spegnete la fiamma e versate la preparazione su un piatto da portata.

Lavate il tonno e asciugatelo con cura; poi, infarinatelo, cospargetelo di sale e friggetelo in padella con un filo d'olio.

Trasferite il pesce nel piatto con la cipollata e servite tiepido o freddo.

Calamari ripieni

Per 4 persone

8 calamari medi
2 spicchi d'aglio
250 g di pangrattato
1 ciuffo di prezzemolo
1 cucchiaio di capperi
2 cucchiai di pecorino grattugiato
olio extravergine d'oliva
sale, pepe

Pulite i calamari, spellateli e staccate le teste; poi, lavateli con cura.

Spezzettate i tentacoli e mescolateli con un trito di capperi, aglio e prezzemolo; aggiungete il pangrattato, il pecorino, una presa di sale e una spolverata di pepe e amalgamate con cura. Ammorbidite il composto con l'olio necessario e riempite le sacche. Chiudete le aperture con degli stuzzicadenti e disponete i calamari in una teglia unta d'olio. Spennellateli con poco olio; cospargete con una presa di sale e cuocete in forno, a 180°, per una ventina di minuti. Se gradite, potete accompagnare la preparazione con una salsa al nero di seppia, ottenuta rosolando metà del trito di tentacoli con 1 spicchio d'aglio (che eliminerete) e un filo d'olio. Sfumate con poco vino bianco secco e aggiungete 1/2 bicchiere di nero di seppia; salate, pepate, bagnate con poca acqua calda e cuocete per circa 30 minuti.

Filetti di sgombro "lardiati"

Per 4 persone

4 grossi sgombri
3 spicchi d'aglio
1 ciuffo di prezzemolo
origano
olio extravergine d'oliva
aceto bianco
sale, pepe

Pelate l'aglio, schiacciatelo leggermente con il palmo della mano e mettetelo in una ciotola. Aggiungete 1 bicchiere d'olio, 1/2 bicchiere d'aceto, il prezzemolo tritato, un pizzico di origano, una presa di sale e una spolverata di pepe ed emulsionate bene tutto. Pulite gli sgombri e ricavatene 8 filetti. Eliminate tutte le spine e cospargete di sale. Scaldate la griglia e arrostite i pesci; irrorateli con la salsa preparata e servite.

Pesce spada "a ghiotta"

Per 4 persone

4 fette di pesce spada
1 cipolla
250 g di polpa di pomodoro
1 cucchiaio di capperi
150 g di olive verdi snocciolate
1 ciuffo di prezzemolo
1 cuore di sedano con le foglie
olio extravergine d'oliva
farina, sale, pepe

Affettate finemente la cipolla e lasciatela appassire, in un tegame, con un filo d'olio e un trito di sedano e prezzemolo. Aggiungete la polpa di pomodoro a pezzetti, i capperi, le olive a rondelle, una presa di sale e una spolverata di pepe e fate cuocere, su fiamma moderata, per una decina di minuti. Nel frattempo, lavate e spellate il pesce spada; asciugatelo con carta da cucina e adagiatelo nella casseruola con la salsa. Ricopritelo con qualche cucchiaiata di sugo e proseguite la cottura, a fuoco lento, per 15 minuti.

Baccalà alla messinese

Per 4 persone

1 kg di filetti di baccalà già ammollati e spinati
600 g di patate
150 g di olive verdi snocciolate
50 g di capperi
1 cipolla
1 spicchio d'aglio
1 costola di sedano
1 mazzetto di prezzemolo
2 cucchiai di uvetta
400 g di pomodori pelati
olio extravergine d'oliva
farina
sale, pepe

Lasciate appassire un trito di cipolla, prezzemolo e sedano, in un tegame abbastanza largo, con 5 cucchiai d'olio e l'aglio intero (che eliminerete). Aggiungete i pomodori sminuzzati, i capperi e le olive; mescolate e cuocete, su fiamma bassa, per 10 minuti. Nel frattempo, fate dorare le patate, pelate e tagliate a fette spesse 1 cm, in padella con poco olio; poi, sgocciolatele e trasferitele nel tegame con il sugo. Scaldate ancora un filo d'olio in padella e rosolate il baccalà spellato, tagliato a pezzetti e infarinato; poi, unitelo con il suo fondo di cottura al resto degli ingredienti. Versate 1 tazza d'acqua calda, condite con sale e pepe e cuocete dolcemente per circa 1/2 ora, scuotendo la casseruola di tanto in tanto, per evitare che l'intingolo si attacchi. A cottura ultimata, cospargete la preparazione con una manciata di prezzemolo tritato.

Anguilla alla "matalotta"

Per 4 persone

1 kg di anguille già pulite e tagliate a pezzi
1 cipolla
1 mazzetto di prezzemolo
5 pomodori pelati
olio extravergine d'oliva
sale, pepe

Lavate con cura le anguille; asciugatele e cospargetele di sale. Tritate finemente la cipolla e lasciatela appassire, in un tegame, con un filo d'olio. Aggiungete la polpa di pomodoro spezzettata, un trito di prezzemolo e una spolverata di pepe e lasciate insaporire per qualche minuto. Versate, quindi, 1 tazza d'acqua calda e portate ad ebollizione. Regolate di sale, unite il pesce e proseguite la cottura per non più di 10 minuti, su fiamma moderata.

Polpette di tonno

Per 4 persone

700 g di tonno fresco
1 uovo
1 mazzetto di prezzemolo
50 g di pinoli
pangrattato
2 limoni
farina
olio extravergine d'oliva
sale, pepe

Lasciate a bagno il tonno, in acqua fredda, per 1/2 ora; poi, sgocciolatelo, asciugatelo e tritatelo finemente. Mettetelo, quindi, in una terrina e aggiungete i pinoli, l'uovo, una presa di sale, una spolverata di pepe, un trito di prezzemolo e 3 cucchiai di pangrattato. Lavorate a lungo l'impasto con le mani, per amalgamare bene tutti gli ingredienti, fino ad ottenere un composto compatto e omogeneo. Se è necessario, unite altro pangrattato. Alla fine, formate delle polpette leggermente schiacciate e infarinatele. Friggetele in olio caldo e servitele con fettine di limone.

"'Mpanata" di pesce spada

Per 4 persone

500 g di farina
200 g di burro
1 uovo
1 tuorlo
1 cucchiaio di zucchero
1 limone
1 kg di pesce spada a fette
300 g di pomodori pelati
2 zucchine verdi (facoltative)
100 g di olive verdi
1 cipolla
1 cucchiaio di capperi
1 ciuffo di prezzemolo
1 costola di sedano
olio extravergine d'oliva
sale, pepe

Setacciate la farina a fontana su un piano di lavoro. Aggiungete il burro a pezzetti, l'uovo, 3 cucchiai d'acqua, lo zucchero, la scorza di limone grattugiata e una presa di sale e impastate velocemente tutto, fino ad ottenere un composto omogeneo. Avvolgetelo nella pellicola e lasciatelo in frigo per 2 ore. Lavate e spuntate le zucchine; tagliatele a rondelle e friggetele. Fate appassire la cipolla tritata, in un tegame, con 5 cucchiai d'olio. Unite i pomodori spezzettati, il prezzemolo tritato, i capperi, le olive a rondelle, una presa di sale e un pizzico di pepe e lasciate brevemente insaporire. Aggiungete, quindi, il pesce spada e proseguite la cottura per altri 10 minuti, rigirando le fette, affinché possano cuocere in modo uniforme. Stendete la pasta ad uno spessore di circa 3 mm e ritagliatevi 4 rettangoli. Distribuite l'intingolo di pesce spada ben sgocciolato e

uno strato di zucchine sulle sfoglie preparate; ripiegate i bordi della pasta, chiudendo all'interno la farcia, e sigillateli con poco tuorlo d'uovo sbattuto. Utilizzate i ritagli di pasta per ricavare delle decorazioni che applicherete sulle croste. Spennellate la superficie con il tuorlo sbattuto e trasferite i "portafogli" in una teglia rivestita di carta da forno. Infornate a 200° per circa 20 minuti.

"Lattume" fritto

Per 4 persone

600 g di lattume di tonno già spellato
farina
olio extravergine d'oliva
2 limoni
sale

Affettate il lattume ad uno spessore di un paio di centimetri. Infarinatelo e friggetelo in olio caldo, salando a fine cottura. Sgocciolatelo quando sarà dorato e servitelo con fettine di limone o, se gradite, con un'emulsione di olio, succo di limone e prezzemolo tritato.

Polipetti affogati

Per 4 persone

1 kg di polipetti
300 g di pomodori pelati
1 spicchio d'aglio
1/2 cipolla
1 ciuffo di prezzemolo
vino bianco secco
olio extravergine d'oliva
sale, pepe

Tritate l'aglio, la cipolla e il prezzemolo e fateli appassire, in un tegame, con un filo d'olio. Bagnate con qualche cucchiaio di vino e lasciate evaporare; poi, aggiungete i pomodori, privati dei semi e spezzettati e una presa di sale e cuocete per 5 minuti. A questo punto, unite i polipetti puliti e ben lavati; coprite e portate a cottura, su fiamma molto bassa. Quando i polipetti saranno cotti, regolate di sale e cospargete di pepe.

Baccalà fritto

Per 4 persone

1 kg di filetti di baccalà già ammollati
e spinati
farina
olio extravergine d'oliva
sale

Lavate e asciugate il baccalà; poi, spellatelo e tagliatelo a pezzetti non troppo piccoli.
Infarinatelo leggermente, eliminando l'eccesso di farina e friggetelo in abbondante olio caldo. Sgocciolatelo e cospargetelo di sale.
Servite il pesce con spicchi di limone oppure, se gradite, con una salsa maionese aromatizzata con aglio tritato e un pizzico di peperoncino in polvere.

Spigola al sale

Per 4 persone

4 spigole
4 spicchi d'aglio (facoltativo)
1 rametto di timo (facoltativo)
3 kg di sale marino fino
pepe

Pulite con cura le spigole; lavatele e asciugatele bene. Insaporitele con un pizzico di pepe e, se gradite, inserite nel ventre di ciascun pesce 1 spicchio d'aglio pelato e 1 ciuffo di timo.
Versate il sale in una terrina e impastatelo con 3,5 dl d'acqua fino ad ottenere un composto omogeneo (aggiungete, se necessario altri 2 cucchiai d'acqua). Distribuite sul fondo di quattro pirofile da forno metà dell'impasto, formando uno strato spesso e uniforme. Adagiatevi sopra le spigole e copritele completamente con il sale rimasto, in modo da formare un "coperchio" compatto e senza fessure.
Ponete in forno caldo a 200° e cuocete per circa 15 minuti.
Potete servire il pesce già cotto con un'emulsione di olio e limone oppure con salsa maionese.

Tonno marinato

Per 4 persone

4 fettine di tonno fresco
300 g di polpa di pomodoro
1 cipolla
farina
aceto bianco
olio extravergine d'oliva
zucchero
sale, pepe

Disponete le fette di tonno in una terrina, bagnatele con 1 tazza d'acqua miscelata con la stessa quantità di aceto e lasciate marinare per circa 1/2 ora. Trascorso il tempo necessario, sgocciolate il tonno e asciugatelo con carta da cucina; infarinatelo, friggetelo in padella con poco olio e tenetelo in caldo. Soffriggete la cipolla affettata finemente, in un tegame, con un filo d'olio; unite la polpa di pomodoro, passata al setaccio, una presa di sale e una spolverata di pepe e lasciate addensare il sugo per 15 minuti. A questo punto, incorporate 1/2 bicchiere di aceto e 1 cucchiaio di zucchero e fate brevemente insaporire. Trasferite, quindi, il pesce nella casseruola con la salsa e proseguite la cottura per altri 5 minuti.

LA CARNE

La carne bovina, tradizionalmente riservata alla tavola della domenica, ha scarso rilievo nel panorama gastronomico siciliano. I pascoli asciugati dalla frequente siccità, non hanno incoraggiato questo tipo di allevamento. Ricca è invece la cucina popolare di ricette con il coniglio, l'agnello, il capretto e il maiale. L'arrosto panato, gli involtini alla siciliana sono conquiste recenti. È il benessere che ha introdotto il vitello, una carne fino a cento anni fa quasi sconosciuta nell'isola. Eccezione fa il falsomagro, probabilmente di origine francese, da più tempo presente nelle cucine dei siciliani. Il consumo di capretto e di agnello, una volta legato al periodo pasquale, è oggi diventato una valida alternativa alla carne rossa.

Involtini alla siciliana

Per 4 persone

12 fettine sottili di vitello
300 g di pangrattato
2 cucchiai di pecorino grattugiato
1 cucchiaio di uvetta
1 cucchiaio di pinoli
1 cipolla
1 ciuffo di prezzemolo
foglie di alloro
olio extravergine d'oliva
sale, pepe

Tritate un pezzetto di cipolla e lasciatela appassire, in padella, con un filo d'olio. Aggiungete metà del pangrattato e tostatelo brevemente, mescolando; poi, fate raffreddare e trasferite tutto in una terrina.

Unite il pecorino, l'uvetta, i pinoli, il prezzemolo tritato, una presa di sale e una spolverata di pepe e amalgamate tutto, ammorbidendo il composto con poco olio. Stendete le fettine di vitello sul piano di lavoro e battetele leggermente.

Distribuitevi sopra il preparato e arrotolatele in modo da formare degli involtini.

Ungeteli d'olio e rotolateli nel pangrattato rimasto.

A questo punto, infilzateli in spiedi di legno, alternandoli con spicchi di cipolla e foglie di alloro. Adagiateli in una teglia unta d'olio e infornate per una ventina di minuti.

Falsomagro al ragù

Per 4 persone

1 fetta di fesa di vitello di circa 500 g
300 g di polpa di manzo tritata
1 uovo
100 g di mollica di pane raffermo
1 ciuffo di prezzemolo
50 g di caciocavallo (o pecorino) grattugiato
1 cucchiaio di pinoli
50 g di mortadella a fette
50 g di salame a fette
7 dl di passata di pomodoro
vino rosso o Marsala secco
1 cipolla
2 carote lessate
olio extravergine d'oliva
zucchero, sale, pepe

Mettete il tritato in una terrina; aggiungete la mollica di pane sbriciolata, il prezzemolo tritato, l'uovo, il caciocavallo, i pinoli, una presa di sale e una spolverata di pepe e amalgamate con cura tutto. Stendete la fetta di carne sul piano di lavoro e battetela leggermente; poi, cospargetela di sale e pepe. Adagiatevi, a strati, la mortadella, il salame e il tritato condito. Ponete al centro della farcia le carote e arrotolate la carne a spirale, richiudendo dentro il ripieno. Legate, infine, il rotolo con spago da cucina e rosolatelo in un largo tegame con una noce di burro e un filo d'olio. Bagnate con 1/2 bicchiere di vino e lasciate evaporare; poi, aggiungete la cipolla pelata e la passata di pomodoro diluita con 1 tazza d'acqua calda. Condite tutto con poco sale, un pizzico di zucchero e una spolverata di pepe e cuocete, su fiamma moderata, per circa 1 ora, rigirando un paio di volte la carne. A fine cottura, estraete il falsomagro dalla casseruola e fatelo intiepidire. Affettatelo e servitelo con il sugo caldo.

Arrosto panato

Per 4 persone

4 fettine di vitello
1 ciuffo di prezzemolo
olio extravergine d'oliva
sale, pepe

Stendete le fettine su un tagliere e battetele
leggermente; poi, intingetele in un composto di olio,
sale e pepe. Passatele nel pangrattato, condito con il
prezzemolo tritato e arrostitele sulla griglia rovente.

Capretto con le mandorle

Per 4 persone

1,5 kg di capretto a pezzi
200 g di mandorle pelate
1 cipolla
300 g di pomodori maturi
1 ciuffo di prezzemolo
olio extravergine d'oliva
sale, pepe

Tritate grossolanamente le mandorle. Lavate e asciugate
il capretto. Lasciate appassire un trito di cipolla, in un
tegame, con un filo d'olio. Aggiungete la carne e
rosolatela dolcemente; poi, unite il pomodoro pelato e
triturato, una presa di sale, una spolverata di pepe e fate

insaporire. Bagnate, quindi, con 1 tazza d'acqua calda e
incorporate metà delle mandorle e il prezzemolo
tagliuzzato. Mescolate bene e cuocete coperto, su
fiamma bassa, per circa tre quarti d'ora, versando
qualche cucchiaio d'acqua, se il fondo tendesse a
restringersi troppo. A fine cottura, cospargete la
preparazione con le mandorle rimaste.

Agnello "aggrassato"

Per 4 persone

1,5 kg di agnello a pezzi
600 g di patate
4 pomodori maturi
1 grossa cipolla
1 foglia di alloro
1 mazzetto di prezzemolo
Marsala secco
olio extravergine d'oliva
sale, pepe

Lavate e asciugate bene l'agnello; poi, rosolatelo in un tegame con la cipolla affettata finemente, l'alloro (che eliminerete alla fine) e 5 cucchiai d'olio.

Quando sarà dorato in modo uniforme, bagnate con il Marsala e fate evaporare. Aggiungete, quindi, le patate tagliate a dadi e lasciate insaporire tutto, per qualche istante; poi, unite i pomodori pelati, privati dei semi e spezzettati, il prezzemolo tritato, una presa di sale e una spolverata di pepe.

Coprite a filo con acqua calda e fate cuocere dolcemente per circa 1 ora.

Costolette di agnello alla brace

Per 4 persone

1 kg di costolette di agnello con l'osso
1 foglia di alloro
3 spicchi d'aglio
2 limoni
origano
olio extravergine d'oliva
sale, pepe

Affettate l'aglio e mettetelo in una ciotolina. Aggiungete il succo di limone, 1/2 bicchiere d'olio extravergine d'oliva, una presa di origano e una spolverata di pepe e sbattete tutto con una forchetta, fino ad ottenere una salsina omogenea. Adagiate le costolette di agnello in una terrina e irroratele con l'emulsione preparata. Spargetevi sopra l'alloro spezzettato e lasciate marinare per almeno 1 ora. Trascorso il tempo necessario, sgocciolate la carne e arrostitela sulla brace ardente, spennellandola con l'olio della marinata e salando a fine cottura.

Coniglio in agrodolce

Per 4 persone

- **1** coniglio pulito e tagliato a pezzetti
- **1** foglia di alloro
- **1** cipolla
- **1** cuore di sedano
- **1** limone
- **2** spicchi d'aglio
- **500 g** di pomodori maturi
- **1** ciuffo di basilico
- origano
- olio extravergine d'oliva
- aceto bianco
- zucchero, sale, pepe

Pestate l'aglio nel mortaio con le foglie di basilico e una presa di sale; aggiungete il pomodoro pelato, privato dei semi e spezzettato e continuate a lavorare il composto, fino ad ottenere una crema omogenea. Versatela in una ciotola e incorporate 6 cucchiai d'olio, un pizzico di origano e una spolverata di pepe. Lavate il coniglio e sbollentatelo per 5 minuti in una pentola con 1 foglia di alloro e la buccia di limone; sgocciolatelo e asciugatelo con carta da cucina. Trasferitelo, quindi, in un tegame con 1/2 bicchiere d'olio, e un soffritto di cipolla e sedano. Lasciate rosolare dolcemente il coniglio, rigirandolo spesso con un cucchiaio di legno e bagnando di tanto in tanto con 1 cucchiaio d'acqua calda, per evitare che si attacchi al fondo della casseruola. Quando sarà dorato in modo uniforme, versate 1 dl d'aceto in cui avrete sciolto 1/2 cucchiaio di zucchero e fate evaporare lentamente, a tegame coperto. Scoprite qualche istante prima di spegnere la fiamma e servite la preparazione cosparsa con il pesto di pomodoro.

Ragù di salsiccia con cotenne

Per 4 persone

- **700 g** di salsiccia a rocchi grossi
- **200 g** di cotenne fresche di maiale
- **7 dl** di passata di pomodoro
- **1** foglia di alloro
- **1** cipolla
- **1** cucchiaio di uvetta
- olio extravergine d'oliva
- zucchero, sale, pepe

Fiammeggiate le cotenne e lavatele bene sotto l'acqua corrente; poi, sbollentatele e sgocciolatele. Arrotolate la salsiccia, adagiatela in una padella con un dito d'acqua e cuocetela per 5 minuti, praticando qualche foro sul budello con uno spiedino di legno.

Versate un filo d'olio in un tegame; aggiungete la cipolla pelata, la passata di pomodoro, l'uvetta, l'alloro, una presa di sale, un pizzico di zucchero e una spolverata di pepe e fate sobbollire per una decina di minuti.

A questo punto, unite le cotenne, tagliate a listarelle e la salsiccia sgocciolata e proseguite la cottura per circa 1 ora, su fiamma moderata.

LA PASTICCERIA

Oltre ai dolci classici della tradizione, cannoli di ricotta e cassate, che mantengono il barocchismo ereditato dagli spagnoli, esiste una infinità di generi di pasticceria che spaziano dalla cubbaita (un torrone a base di sesamo o mandorle) ai buccellati (biscotti farciti con un composto di fichi secchi); dal gelo di anguria al biancomangiare. Vere prelibatezze sono i dolci a base di mandorle: la frutta martorana nelle sue straordinarie forme, il semifreddo, il torrone. La ricotta, regina fra le creme nella pasticceria dell'isola, si accompagna spesso a cioccolato o zuccata nella farcitura di specialità come gli sfincioni di San Giuseppe, le cassatelle e altre paste tradizionali. La semplicità della cucina siciliana, qui si concede una pausa: ricchi ed elaborati i dolci sintetizzano al meglio i vari passaggi delle dominazioni straniere in Sicilia.

Cassata siciliana

Per 8 persone

Per il pan di Spagna:
- **4** uova
- **150 g** di zucchero semolato
- **200 g** di farina
- **1** bustina di lievito in polvere
- 1/2 limone
- Marsala o vermut
- sale
- burro e farina per la tortiera

Per il ripieno:
- **500 g** di ricotta di pecora
- **1** pizzico di vanillina
- **50 g** di zuccata a dadini
- **50 g** di cioccolato fondente a scaglie
- sale

Per la pasta di mandorle:
- **250 g** di mandorle pelate
- **300 g** di zucchero a velo
- **3** gocce di estratto di mandorle amare
- **1** pizzico di vanillina
- colorante alimentare verde
- **5** cucchiai d'acqua

Per la glassa e la decorazione:
- **250 g** di zucchero a velo
- **2** albumi
- **1** cucchiaio di succo di limone
- zuccata a nastri e frutta candita assortita

Preparate il pan di Spagna, separando i tuorli dagli albumi e montando a neve ferma questi ultimi con un pizzico di sale. Sbattete, quindi, i rossi con lo zucchero in un'altra terrina, fino ad ottenere un composto gonfio e spumoso. Aggiungete la farina setacciata con il lievito e un paio di cucchiai di chiare montate e continuate ad amalgamare; poi, profumate con la scorza del limone grattugiata. Alla fine, incorporate gli albumi, molto delicatamente, per non smontarli e trasferite il preparato in una teglia imburrata e infarinata. Cuocete in forno caldo a 180° per circa 40 minuti; sfornate e lasciate intiepidire la torta, prima di sformarla. Mentre il dolce è in forno, tritate le mandorle in un macinino da caffè, mettendone poche per volta. Versate il trito in un robot; unite 250 g di zucchero a velo, la vanillina e l'essenza di mandorle, sciolta in 5 cucchiai d'acqua e frullate. Appena l'impasto sarà morbido e omogeneo, trasferitelo sulla spianatoia spolverizzata di zucchero a velo e incorporate qualche goccia d'acqua in cui avrete diluito un pizzico di colorante verde. Lavorate la pasta fino a quando il colore sarà uniforme; dopo, avvolgetela nella pellicola trasparente e ponetela in frigo. Setacciate la ricotta e raccoglietela in una terrina; aggiungete lo zucchero, un pizzico di sale, la vanillina, il cioccolato e la zuccata a dadini. Stendete la pasta di mandorle con il matterello ad uno spessore di 1/2 cm e una larghezza pari a quella del bordo della tortiera e ritagliatela a pezzetti di circa 6 cm di lunghezza. Rivestite uno stampo a pareti svasate del diametro di 25 cm con pellicola trasparente e foderate i bordi alternando pezzi di pasta di mandorle con pezzetti di pan di Spagna delle stesse dimensioni (oppure, se gradite, potete applicare un'unica striscia di pasta di mandorle, spianata ad una larghezza pari a quella del bordo dello stampo). Ricoprite il fondo del contenitore con altro pan di Spagna tagliato a fette spesse circa 1 cm e spruzzato con Marsala (o vermut) diluito con poca acqua. Riempite la scatola ottenuta con la crema di ricotta e coprite tutto con altro pan di Spagna inzuppato.

Cassatelle di ricotta fritte

Per 8 persone

500 g di farina
150 g di zucchero semolato
1/2 bicchiere d'olio extravergine d'oliva
1 cucchiaio di brandy
1 limone
400 g di ricotta
50 g di cioccolato fondente
cannella
1 albume
zucchero a velo
olio di semi
sale

Ponetevi sopra un vassoio dello stesso diametro dello stampo e premete leggermente; poi, lasciate riposare in frigo per una ventina di minuti. Rovesciate, quindi, la torta su un piatto da portata ed eliminate la pellicola. Sbattete gli albumi e incorporatevi lo zucchero a velo, facendolo scendere da un setaccino; quindi, mescolate energicamente con una frustina per 10 minuti, fino ad ottenere una crema liscia e densa cui aggiungerete il succo di limone. Tenete da parte 2 cucchiai colmi di glassa e versate il resto sulla superficie della cassata: Spandete il preparato con una spatola e ricoprite anche i bordi. Lasciate asciugare il dolce per qualche minuto e guarnitelo con i nastri di zuccata e la frutta candita. Alla fine, decorate il bordo con la glassa rimasta, fatta scendere da una tasca da pasticciere con bocchetta liscia e molto sottile. Fate raffreddare la cassata in frigo per qualche ora, prima di servirla.

Impastate la farina con metà dello zucchero, 2 cucchiai di succo di limone, il brandy, l'olio d'oliva e una presa di sale, incorporando l'acqua necessaria, fino ad ottenere una pasta consistente. Copritela e lasciatela riposare per circa 30 minuti. Setacciate la ricotta; raccoglietela in una terrina e amalgamatevi lo zucchero rimasto, il coccolato a scaglie e un pizzico di cannella.

Stendete la pasta in una sfoglia sottile e ricavatene dei dischi, con un tagliapasta o con il bordo di un bicchiere. Distribuitevi sopra il ripieno a mucchietti; spennellate i bordi con l'albume sbattuto con 1 cucchiaino d'acqua. Ripiegate la pasta sulla farcia e ritagliate dei ravioli.

Friggete le cassatelle in olio di semi caldo; sgocciolatele perfettamente e servitele calde, spolverizzate di zucchero a velo.

Sfincioni di San Giuseppe

Per 8 persone

180 g di farina
50 g di burro
150 g di zucchero semolato
4 uova
1/2 cucchiaio di lievito in polvere
400 g di ricotta
2 cucchiai di cioccolato a scaglie
scorze d'arancia candite
olio di semi
sale

Versate 250 g d'acqua in un tegame; aggiungete il burro, 1 cucchiaio di zucchero e una presa di sale e portate ad ebollizione. Togliete dal fuoco e aggiungete tutta la farina in un solo colpo, rimestando energicamente; poi, rimettete su fiamma bassa e cuocete il composto fino a quando comincerà a sfrigolare e si staccherà dalle pareti della pentola. A questo punto, lasciate intiepidire e incorporate, uno per volta, le uova mescolando bene. Alla fine, unite il lievito e amalgamate fino a quando il preparato sarà morbido e omogeneo; copritelo con un canovaccio e lasciate lievitare per circa 1 ora. Scaldate abbondante olio di semi e friggete la pastella a cucchiaiate, rigirando le bignole durante la cottura per ottenere una doratura uniforme. Sgocciolatele e ponetele su carta da cucina a perdere l'unto in eccesso.
Amalgamate la ricotta con lo zucchero rimasto e le scaglie di cioccolato. Quando gli sfincioni saranno freddi spalmateli con la crema preparata e decorateli con le scorzette candite.

Cotognata

1 kg di polpa di mele cotogne a pezzetti
1 kg di zucchero semolato
1 limone
olio di semi

Mettete le mele in un tegame e aggiungete il limone ben lavato e tagliato a pezzi; coprite a filo con l'acqua e fate cuocere. Appena la frutta sarà morbida, sgocciolatela, eliminate il limone e passatela al setaccio; poi, rimettete il composto nella casseruola con lo zucchero e cuocete per circa 1 ora, mescolando continuamente. Quando il preparato sarà abbastanza denso, spegnete la fiamma e versatelo in uno stampo unico o in stampini bassi, leggermente unti di olio di semi. Lasciate solidificare, prima di sformare la cotognata.

Buccellati

Per 8 persone

500 g di farina
150 g di zucchero semolato
150 g di margarina
1 bustina di lievito in polvere
4 cucchiai di miele
400 g di fichi secchi
50 g di mandorle pelate
vanillina
1 arancia
zucchero a velo
cannella
chiodi di garofano
confettini di zucchero colorati

Impastate la farina con lo zucchero semolato, la margarina, 2 cucchiai di miele, un pizzico di vanillina, il lievito e 1,5 dl d'acqua fredda.

Avvolgete il composto ottenuto in pellicola trasparente e lasciatelo riposare in frigo per 30 minuti. Tritate i fichi, in un robot da cucina, con le mandorle, la scorza d'arancia grattugiata, una punta di cannella e 1 chiodo di garofano. Trasferite il preparato in un tegame; unite il miele rimasto e cuocete tutto per qualche minuto, incorporando un paio di cucchiai d'acqua. Spegnete la fiamma e lasciate raffreddare. Stendete la pasta ottenuta in sfoglie non troppo sottili e ricavatene dei rettangoli di 10x5 cm. Distribuite al centro di ciascuno di essi un cucchiaio di farcitura e avvolgete la pasta su dei rotoli. Incideteli e piegateli leggermente ad arco. Adagiate i buccellati su una teglia rivestita con carta da forno, guarniteli con i confettini e cuoceteli a 220° per 20 minuti. Spolverizzate i biscotti con lo zucchero a velo.

Gelo di anguria

Per 8 persone

1 kg di polpa di anguria
100 g di amido
200 g di zucchero semolato
1 bustina di vanillina

Passate al setaccio la polpa di anguria e raccoglietene il succo in un tegame.

Aggiungete l'amido e lo zucchero e fate addensare il composto, su fiamma dolce, mescolando. Incorporate, quindi, la vanillina e versate la crema in stampini appena inumiditi.

Lasciate raffreddare e ponete in frigo per 24 ore, prima di servire.

Cannoli

Per 20 cannoli

Per le scorze:
250 g di farina
1 cucchiaino di cacao amaro in polvere
1 cucchiaio di zucchero semolato
40 g di burro
1 albume
1 cucchiaio di Marsala
sale
olio di semi
Per la crema:
500 g di ricotta di pecora
150 g di zucchero semolato
estratto di vaniglia
cioccolato fondente a scaglie
scorzette di arancia candite
sale

Impastate il burro con la farina setacciata, il cacao, lo zucchero, il Marsala e una presa di sale, incorporando l'acqua necessaria, fino ad ottenere un composto consistente. Avvolgetelo nella pellicola trasparente e lasciatelo riposare in frigo per circa 1 ora. Passate al setaccio la ricotta e raccoglietela in una terrina. Unite lo zucchero, la punta di un cucchiaino di estratto di vaniglia e un pizzico di sale e amalgamate con cura. Stendete la pasta in una sfoglia sottile e ricavatene delle forme ovali; avvolgetele attorno agli speciali cannelli di alluminio e sovrapponete le due estremità, sigillandole con poco albume sbattuto. Friggete le scorze con il tubo in abbondante olio caldo; sgocciolatele e sfilate i cannelli solo quando saranno fredde. Incorporate un paio di cucchiai di cioccolato al composto di ricotta. Farcite i cannoli, poco prima di servirli e spolverizzateli di zucchero a velo; decorateli infine, con scorzette di arancia candite.

Biancomangiare

Per 8 persone

1 l di latte
100 g di amido
150 g di zucchero semolato

Scaldate il latte, tenendone da parte 1/2 tazza. Sciogliete l'amido nel latte rimasto e aggiungete lo zucchero; diluite il preparato con il liquido caldo e lasciate addensare su fiamma dolce. Versate la crema in stampini da budino leggermente inumiditi e fate raffreddare in frigo per almeno 5 ore. Al momento di servire, sformate il biancomangiare e guarnitelo con qualche mandorla pelata oppure, con una salsa di frutta fresca ottenuta incorporando 1 kg di frutta frullata (albicocche, pesche, fragole) ad uno sciroppo preparato con 100 g di zucchero semolato e 1 bicchiere d'acqua. Fate addensare il composto e aromatizzatelo con 2 cucchiai di liquore.

Cubbaita

Per 8 persone

300 g di zucchero semolato
100 g di miele
300 g di semi di sesamo

Versate lo zucchero in una casseruola; aggiungete il miele e lasciate sciogliere tutto a fuoco dolcissimo, mescolando di tanto in tanto con un cucchiaio di legno, fino a quando il preparato avrà assunto una colorazione dorata. Aggiungete i semi di sesamo e proseguite la cottura ancora per pochi minuti. A questo punto, rovesciate il preparato su un piano di marmo unto d'olio e livellate la superficie ad uno spessore di circa un paio di centimetri, con mezzo limone infilzato in una forchetta oppure con una lama ben oleata. Lasciate intiepidire il torrone e tagliatelo a pezzetti utilizzando un coltello unto d'olio oppure le formine per biscotti.

Frutta di Martorana

Per 2 kg di dolcetti

1 kg di mandorle dolci pelate
1 kg di zucchero semolato
estratto di vaniglia
estratto di mandorle amare
cannella in polvere
amido in polvere
coloranti alimentari

Tritate finemente le mandorle in un robot da cucina con poco zucchero e tenete da parte.
Versate 2 dl di acqua in un tegame; aggiungete lo zucchero e ponete su fiamma moderata, mescolando. Appena lo zucchero si sarà sciolto completamente, unite la polvere di mandorle, 1/2 cucchiaino di estratto di vaniglia, 6 gocce di estratto di mandorle amare e un pizzico di cannella e rimestate il composto con un cucchiaio di legno, fino a quando diventerà consistente, staccandosi dalla casseruola. Trasferite, quindi, l'impasto su un piano di marmo; lasciatelo raffreddare e lavoratelo con le mani, fino a quando sarà abbastanza morbido. A questo punto, dividetelo in 5-6 pagnottine e fate riposare per 24 ore. Trascorso il tempo necessario, raffinate la pasta di mandorle, facendola passare ripetutamente attraverso i rulli della macchinetta della pasta oppure usando un robot da cucina. Ricavate, quindi, le forme desiderate, distribuendo il preparato negli appositi stampini cosparsi di amido in polvere. Estraete la frutta di Martorana con molta cura e fatela indurire per 1 giorno. Colorate, infine, i dolcetti e lasciateli asciugare.

Torrone alle mandorle

1 kg di zucchero semolato
100 g di glucosio
400 g di mandorle pelate
ostie

Abbrustolite le mandorle e lasciatele raffreddare. Mettete lo zucchero in una casseruola; aggiungete il glucosio e 250 g di acqua e fate cuocere, su fiamma dolce, mescolando di tanto in tanto con un cucchiaio di legno. Schiumate con un mestolo forato e inumidite le pareti del tegame con un pennello bagnato nell'acqua. Dopo circa 15 minuti, intingete una paletta di legno bagnata e tiratela su: se si vela, lasciando cadere un filo che si romperà subito, spegnete la fiamma. Versate il composto su un piano di marmo, leggermente oleato e aspettate che si intiepidisca; poi, lavoratelo con una spatola o una paletta di legno, portandolo dai bordi verso l'interno, fino a quando diventerà bianco e morbido. A questo punto, incorporate le mandorle spezzettate grossolanamente e trasferite l'impasto nell'apposito stampo rivestito con le ostie e livellate la superficie. Coprite con altre ostie e lasciate indurire il torrone, prima di sformarlo.

Semifreddo di mandorle

Per 8 persone

350 g di mandorle pelate
1/2 l di panna montata
300 g di zucchero semolato
4 uova
200 g di cioccolato fondente
1 cucchiaio di burro
latte
sale

Versate 200 g di zucchero in un tegame con 1 cucchiaio d'acqua e ponete su fiamma bassa, mescolando. Dopo un paio di minuti, aggiungete le mandorle e rigirate tutto con un mestolo di legno, fino a quando lo zucchero sarà caramellato, velando le mandorle. Rovesciate il preparato su un piano di marmo oleato e staccate le mandorle una dall'altra; lasciate raffreddare completamente.

Separate i tuorli dagli albumi e montate questi ultimi a neve ferma con un pizzico di sale; poi, lavorate i rossi con lo zucchero rimasto, fino ad ottenere un composto gonfio e spumoso. Tritate le mandorle in un robot da cucina e incorporate la granella alle uova, tenendone da parte 3-4 cucchiai per la decorazione. A questo punto, amalgamatevi la panna e le chiare. Trasferite la crema in uno stampo (oppure in stampini da porzione) e fate solidificare in freezer, per almeno 8 ore. Sciogliete il cioccolato, a bagnomaria, con il burro e qualche cucchiaio di latte e tenete sul fuoco fino a quando il preparato sarà fluido e omogeneo.

Sformate il semifreddo e adagiatelo in un piatto su un letto di salsa di cioccolato; cospargetelo con la granella tenuta da parte e servite.

Indice